Esquisse Militaire et Politique

Lt-Colonel BUJAC

AF328264

Indépendant

du

CONGO

CHARLES-LAVAUZELLE, Éditeur

PARIS, 10, Rue Danton, Boulevard Saint-Germain, 118

DÉPOT LÉGAL

HAUTE-VIENNE

No 471

1905

l'Etat Indépendant du Congo

O³₀
104

DROITS DE REPRODUCTION ET DE TRADUCTION RÉSERVÉS

Lieutenant-Colonel Breveté E. BUJAC

l'État Indépendant du Congo

ESQUISSE MILITAIRE ET POLITIQUE

PARIS
Henri CHARLES-LAVAUZELLE
Éditeur militaire
10, Rue Danton, Boulevard Saint-Germain, 118

(MÊME MAISON A LIMOGES)

AVANT-PROPOS

En la personne du colonel Van-Gèle,

à nos Camarades de l'armée Belge

l'Hommage très respectueux de cet opuscule

Ils ont été les pionniers héroïques de l'œuvre voulue par le Souverain, soucieux de doter la Belgique d'un empire colonial puissant et prospère.

Par cette collaboration à l'entreprise la plus considérable du XIXe siècle dans le domaine colonial, a été ouvert un Livre d'or.

Nous nous sommes proposé d'en détacher quelques feuillets.

Les deux premières parties de cette esquisse (I. *La conquête pacifique;* II, *La conquête par les armes*) glorifient l'effort productif des explorateurs et des conquérants.

Grâce à ces vaillances jamais rebutées, à ces dévouements inlassables, un quart de siècle a suffi pour cimenter les fondations de l'édifice royal et assurer la Con-

quête économique, dont notre IIIe partie fait connaître les résultats.

Enfin, la IVe partie expose les diverses phases du conflit anglo-congolais qui a surgi au début de 1903. Le caractère aigu qu'avait pris sitôt le différend nous avait décidé à retarder la publication de cette étude jusqu'au moment où le débat serait entré dans la voie de l'apaisement. Or, l'opinion publique ayant été saisie, en Europe et aux Etats-Unis, des pièces du procès, et la commission internationale d'enquête nommée par l'Etat indépendant du Congo ayant commencé ses travaux en Afrique, nous avons jugé que l'heure est venue de résumer le dossier du litige.

Lieutenant-colonel BUJAC.

Libourne, 1er février 1905.

Ire PARTIE

LA CONQUÊTE PACIFIQUE

CHAPITRE Ier

L'EXPLORATION DU BASSIN DU CONGO

I. La Conférence géographique internationale de septembre 1876, convoquée sur l'initiative du Roi Léopold; l'Association internationale africaine (1876-78); diverses expéditions organisées par les comités nationaux. — II. Comité d'études du Haut-Congo (1878-82); fondation des premiers postes; Stanley et les officiers belges. — III. Association internationale du Congo (1882-84).

A la veille de la conférence géographique internationale, réunie à Bruxelles, le 12 septembre 1876, sur l'initiative du Roi des Belges, la carte de l'Afrique équatoriale ne portait que de très vagues, de très sommaires indications :

Tuckey — en 1816 — avait esquissé l'embouchure du Congo jusqu'à Isangila; Burton et Speke (1858) ébauchaient le Tanganika; la science demeurait redevable à Livingstone des tracés du lac Moero (1867), de la passe du Bangwelo (1868), et du Nyangwé; Cameron entrevoyait la nappe du Kasale, explorait l'Urua et le Lunda; enfin, le Dr Schweinfurth reconnaissait, en mars 1870, le cours moyen de l'Uele.

Plus tard, Stanley — commissionné par le *New-York Herald* et par le *Daily Telegraph* — quittait, le 17 novembre 1874, Bagamoyo, sur la côte orientale, pour se lancer dans l'inconnu à la recherche de Livingstone; alors, on pouvait croire l'expédition perdue.

Hors ces quelques notations, le continent noir n'avait encore livré aucun de ses mystères!

Le Roi, inaugurant la conférence géographique, était donc fondé à définir comme suit le but qu'il se proposait de poursuivre, d'assigner à ses collaborateurs :

« Ouvrir à la civilisation la seule partie de notre globe où elle n'ait point encore pénétré, percer les ténèbres qui enveloppent des populations entières; discuter et préciser les voies à suivre, les moyens à employer pour planter définitivement l'étendard de la civilisation sur le sol de l'Afrique centrale. »

Les travaux de la conférence aboutirent à la fondation de l'*Association internationale africaine*. A la tête, un comité exécutif : le Roi, M. de Quatrefages (France), le Dr Nachtigal (Allemagne), sir Barth Frère, bientôt remplacé par M. Sanford (Angleterre). Comme organes : une commission internationale et des comités nationaux.

Le 21 juin 1877, la commission internationale décida que la route de Zanzibar au Tanganika serait choisie comme axe des prochaines entreprises. Le comité belge (datant du 6 novembre 1876) était le seul prêt; on lui délégua l'honneur d'être le premier à faire flotter le drapeau bleu étoilé d'or au centre.

Ce comité belge fournit à l'œuvre six expéditions : Cambier, qui fonda Karéma au Tanganika (1879); Popelin, 1880; Carter et Cadenhead, aussi signalés par un essai malheureux d'introduire l'éléphant d'Asie en Afrique; Ramaeckers et Becker, 1881; Storms, auquel est due la station de Mpala (1885); Becker et Dhanis, retenus à Zanzibar (1884). Neuf seulement des vingt-cinq voyageurs dirigés sur le lac atteignirent le but convoité; modeste succès, médiocrement compensateur !

Au comité allemand appartient l'expédition Kaiser - Boehm - Reichardt (1884); elle crée un poste à Kakoma, pénètre jusqu'au Katanga et prélude à l'implantation de l'Allemagne dans l'Est africain.

. Le comité français organisa deux expéditions : celle de Bloyet (1880), qui installa Kondoa, et celle de Brazza, empruntant la route de l'Ogowe; de cette dernière, date l'extension du Gabon et l'amorce du Congo français.

Cependant Stanley relevait le cours immense du Congo et achevait, le 9 avril 1877, à l'embouchure même du fleuve, son mémorable itinéraire. Deux délégués du roi Léopold l'attendaient à Marseille (janvier 1878). Le promoteur de l'Association africaine réclamait le concours de l'intrépide explorateur au profit d'une œuvre aussi inattendue qu'originale et qui devait transformer ce bassin du Congo — encore à peine connu — en une dépendance de l'Europe.

Le programme des travaux préliminaires ayant été soigneusement élaboré, fut fondé le 25 novembre 1878 « *Le Comité d'études du Haut-Congo* ». Le Roi en acceptait la présidence d'honneur; le titre effectif revenant au colonel Strauch, secrétaire général de l'Association internationale africaine.

Stanley, aussitôt, s'était remis en campagne; il forme son expédition à Zanzibar, où il assiste de ses conseils, de son expérience le lieutenant Cambier, alors en route vers le Tanganika, et M Popelin, préparant sa mission.

Toutefois, c'est à l'embouchure du Congo que Stanley entend poser la borne initiale de sa nouvelle entreprise (août 1879). Il y trouve une flottille de quatre embarcations à vapeur et de deux allèges en acier; l'un de ces steamers, l'*En-Avant*, a été associé à presque toutes les explorations sur le haut fleuve.

En septembre, Stanley fondait Vivi, qu'il arma plus tard de quelques Krupp de montagne, à l'effet de mettre cette base à l'abri d'un coup de main; puis il entreprit la tâche colossale de relier, par une voie de roulage, la station nouvellement créée à Isanghila.

M. Savorgnan de Brazza et Stanley devaient se rencontrer sur ce tracé.

M. Savorgnan de Brazza avait repris, en février 1880, le chemin de l'Ogoué ; de sa campagne, nous retiendrons deux faits, importants par leurs conséquences : l'établissement du poste de Stanley-Pool et de celui de Kinshassa, où le sergent Malamine fut laissé. Cette précaution valut à la France le territoire de Kuango, occupé par les Belges, mais qu'ils durent céder pour obtenir l'accès au fleuve, en amont de Stanley-Pool.

Stanley (février 1881) atteignait enfin Isanghila ; les lieutenants belges Braconnier, Harou et Valcke l'y rejoignirent. La garde du poste confiée à ce dernier officier, l'expédition gagna par eau Manyanga. Stanley faillit y périr de la fièvre. Le lieutenant Harou demeure à Manyanga ; le lieutenant Braconnier ouvre la route vers le Pool. En ce site, fin novembre 1881, Stanley fonde Léopoldville ; un trajet que le chemin de fer effectue aujourd'hui en deux jours, avait alors exigé deux années d'efforts.

Poursuivant sa tâche, l'explorateur s'embarquait en avril 1882 sur l'*En-Avant*, à l'intention de reconnaître le Haut-Congo et le Kassai. Son compagnon, le lieutenant Janssen, traverse le fleuve et fonde sur la rive gauche M'Suata. Et aussi, sur le Bas-Congo, se poursuit et se continue le labeur par les soins du colonel van de Bogaerde, des docteurs von Danckelmann et Allart, des lieutenants Valcke, Harou, Braconnier. Mais Stanley, après avoir découvert le lac Léopold-II, a dû revenir sur ses pas et, miné par la fièvre, aller chercher en Europe un repos bien gagné. Il a confié la région du haut fleuve au capitaine Hanssens, le prochain fondateur de Bolobo.

En ce même temps, de Belgique, les départs pour l'Afrique se succédaient sans relâche. Le lieutenant

Van Gèle (mai 1882) inaugurait, au delà de Manyanga, — rive gauche — sa brillante et glorieuse carrière coloniale. Le lieutenant Coquilhat rejoignait, fin septembre, le commandant Hanssens. Le capitaine anglais Grant Elliott,—commis par Stanley—explorait périlleusement la région du Kwilu et ne devait son salut qu'à l'intervention du lieutenant Vandevelde.

Stanley lui-même, au commencement de l'année 1883, revenait au Congo avec un nombreux personnel blanc et une forte escorte de Zanzibaristes.

Le comité de Bruxelles, en effet, décidait un vigoureux effort : l'occupation du Haut-Fleuve jusqu'aux Stanley-Falls. Cette fructueuse campagne, partie de Manyanga (13 février 1883) pour aboutir à Stanley-Ville, mérite une rapide esquisse.

Disposant de trois vapeurs, Stanley, de Léopoldville, remonte le Congo, accompagné de Coquilhat et de Van Gèle, chargés de fonder la station de l'Equateur; il reconnait le lac Tumba, découvre deux nouveaux affluents du fleuve, — le Loulongo et le Lomami, — arrive aux Falls, où il constate l'action dévastatrice des Arabes. Après avoir organisé Stanley-Ville, l'explorateur rentre à l'Equateur; il pourra se rendre compte de l'effort fécond de ses jeunes émules : « Si l'on frappe un jour des médailles d'or en l'honneur des collaborateurs de l'œuvre congolaise, a écrit Stanley, les deux premières devront être décernées à Coquilhat et à Van Gèle.

Ces deux vaillants officiers obtiendront plus tard la charge de vice-gouverneur général du Congo; Liebrechts, que nous avons déjà rencontré à Bolobo, puis à Léopoldville, deviendra secrétaire général, pour l'Intérieur, de l'Etat Indépendant; Hanssens, Vandevelde, Van Kerkhoven, Roget, Milz, Hanolet, les deux Lemarinel, Alexandre Delcommune, Jacques, sont les dévoués et intrépides pionniers de la première heure en cette période de préparation, remplie de difficultés de toute espèce; pour en triompher, se réclamait l'aide d'une tenace patience et d'une audacieuse diplomatie.

Aux étapes de cette phase très exactement caractérisée « celle de *la conquête pacifique* », les officiers belges, mandataires de l'Association internationale, prendront à plusieurs reprises contact avec les explorateurs français, dont nous n'avons pas projet de rappeler ici la glorieuse collaboration; qu'il nous soit simplement donné de citer quelques noms : de Chavannes, Dolisie, Crampel, Dyboski, Ponel, de Pommayrac, Gaillard, Liotard.

CHAPITRE II

LA FORMATION DE L'ÉTAT INDÉPENDANT DU CONGO

I. L'Association internationale africaine fait reconnaître et confirmer par les Puissances ses droits de souveraineté sur les territoires acquis dans le bassin du Congo. — II. La conférence ·de Berlin (15 novembre 1884 - 26 février 1885) ; l'acte général de Berlin. — III. L'État Indépendant du Congo (1er avril 1885).

En 1882, le Comité d'études du Haut-Congo se transformait en *Association internationale du Congo*.

Dès ce moment se discute la thèse de souveraineté.

Près de cent conventions avaient été conclues par Stanley et par ses officiers. Les chefs indigènes se proclamaient vassaux de l'Association internationale; ils adoptaient son drapeau, acceptaient, pour eux, ainsi que pour leurs successeurs, le rôle administratif et protecteur de ses représentants.

De semblables cessions investissaient-elles l'Association de la puissance souveraine?

Ce furent les États-Unis qui, les premiers, tranchèrent la question. Le 22 avril 1884, des vues étaient échangées entre la grande Républicaine américaine et l'Association; le cabinet de Washington prescrivait à ses agents de reconnaître le drapeau de l'Association internationale au même titre que celui d'un « Gouvernement ami ».

Le lendemain, 23 avril, l'Association négociait avec la France, lui concédant un droit de préférence si, par suite de circonstances imprévues, elle réalisait un jour son domaine colonial. Le 24, le quai d'Orsay prenait acte desdites déclarations. A son tour, le 8 novembre 1884, l'Allemagne reconnut « l'État ami »; puis suivirent : la Grande-Bretagne, l'Italie, l'Autriche-Hongris les Pays-Bas, l'Espagne, la Russie, la Suède et la Norwège, le Portugal, la Belgique, le Danemark; et encore la France, par une seconde et spéciale convention.

Ces divers actes, qui offrent un grand intérêt au point de vue du conflit anglo-congolais, s'accomplissaient au cours même des travaux de la Conférence de Berlin (15 novembre 1884, 26 février 1885).

Cette conférence avait été convoquée par le prince de Bismarck, à la suite d'une habile, mais très compromettante convention intervenue, le 26 février 1884, entre l'Angleterre et le Portugal; du fait, l'Association Internationale subissait la menace de ne pouvoir communiquer avec l'Océan par l'estuaire du Congo. Le chancelier voulut prendre en main les intérêts vitaux de l'Association en conviant les Puissances à régler, par un accord général, le problème africain. Le débat auquel quatorze États se faisaient représenter, aboutit à l'*Acte général de Berlin*, traité en sept chapitres et trente-huit articles.

Il formule, entre autres, le principe de la liberté commerciale la plus absolue dans le « bassin conventionnel du Congo ». Il ne pourra être concédé ni monopole, ni privilège d'aucune espèce en matière commerciale; il ne sera perçu, pendant vingt ans, aucun droit d'entrée; les étrangers jouissent du même traitement que les nationaux. Les populations indigènes devront être protégées; il sera veillé à l'amélioration de leur état moral et matériel. La tenue des marchés d'esclaves et le transport d'esclaves sont interdits. La navigation du Congo et de ses affluents est libre.

L'expression « Bassin conventionnel du Congo », dont il vient d'être fait emploi, s'applique et aux districts riverains et aux contrées circonvoisines jusqu'à une limite déterminée et dépendante de l'accord de cinq puissances : la France, l'Allemagne, l'Angleterre, le Portugal et l'Etat du Congo. Elles sont engagées par les stipulations de l'acte de Berlin; les quatre premières en leur qualité de signataires, la cinquième comme principal Etat adhérent.

L'Association avait pris officiellement, le 1er avril 1885, le titre d'*Etat indépendant du Congo*; cet événement était notifié le 1er juillet, au Congo, aux chefs de missions et aux maisons de commerce.

Alors que s'accomplissait en Europe cette évolution politique, les protagonistes de l'œuvre, vaillamment, poursuivaient leur tâche sur les rives du fleuve.

Coquilhat, par son autorité pleine de tact et d'énergie, gagnait la belliqueuse population des Bangalas.

Van Gèle préparait à Equateurville l'exploration qu'il allait accomplir, fin avril 1884, avec le capitaine Hanssens, et deux autres Belges sous escorte de dix Zanzibaristes. Après avoir erré trois jours au travers d'un dédale d'îles, proches de la rive droite, le steamer *En-Avant* pénètre dans l'embouchure de l'Ubangi; au premier village, les deux officiers signent un traité avec les principaux chefs de la région.

Quelques mois plus tard, le *Rev-Grenfell* remontait l'Ubangi jusqu'aux rapides de Zongo, devant lesquelles il dut s'arrêter.

En 1886, Van Gèle reprenait le même itinéraire, simple et rapide parcours, préparant les remarquables succès dont, par la suite, il sera en droit de se glorifier. L'année suivante, franchissement des rapides entre Zongo et Mokoangai, se complète le relevé de la rivière, confirmation de l'hypothèse émise par le géographe Wauters, suivant laquelle l'Uellé devait se jeter dans l'Ubangi; reconnaissance de la Lapori et le l'Itimbiri jusqu'à Lubi. Puis, sous la même direction entreprenante, inlassable, est commencé, dès 1889, le stable établissement en ces territoires.

D'autre part, un officier allemand, qui devait acquérir une grande notoriété, — Wissmann, — visitait le Kassaï et la Lalua. Le D' Wolf suivait le Sankuru. De Macar et Paul Le Marinel se portaient à Luluabourg. Stanley, à la recherche d'Emin-Pacha, bloqué sur le Haut-Nil (mars 1887 - décembre 1889), se taillait une route au travers de la grandiose et sinistre forêt de l'Aruwimi, découvrant, au cours de cette héroïque randonnée, la rivière Semliki, le massif neigeux du Ruwenzori et le lac Albert-Edouard.

Sur ces entrefaites aussi, M. Janssens, le premier gouverneur général belge, consacrait une partie de son activité à un expansif rayonnement.

Création successive des postes de Zongo, de Mokoangai, de Banzyville, reliés par un service de vapeurs.

Les capitaines Cambier et Thys lèvent la région des cataractes, que traversera le chemin de fer joignant Matadi à Stanley-Pool.

Alexandre Delcommune, après avoir remonté le Lomami jusqu'à Bena-Kamba, explore l'Aruwimi, la Lulonga, le Ruki, le lac Tumba, le Kwango et la Djuma (1889). Le capitaine Roget raccorde, dans le bassin de l'Uellé, les itinéraires de Junker et de Van Gèle (1890). Le commandant Dhanis parcourt le Kwango moyen. Hodister visite la Mongala et ses affluents.

Partout, des stations sont organisées.

Quelques-uns de ces postes devront être remis plus tard aux autorités françaises, à la suite du traité de 1894.

D'autres affectent, dès lors, un caractère différent. Les *camps* de Basoko (Dhanis, 1889), de Djabir (Roget, 1890), de Lusambo (P. Lemarinel, 1891), sont destinés à servir de bases, de points d'appuis aux opérations de guerre qu'il est devenu indispensable d'entreprendre contre les Arabes.

IIe PARTIE

LA CONQUÊTE PAR LES ARMES

CHAPITRE III

CAMPAGNE DANS LA ZONE ARABE

I. Marche orientale. — Tippo-Tip, gouverneur des Falls (1887-91). — Expédition du commandant Dhanis (1892) contre Rumaliza, Sefu et Gongo-Lutete; le sergent de Bruyne. — Campagne du commandant Dhanis (1893 - janvier 1894) contre Rumaliza et Séfu; prise de Nyangwe, de Kosongo, des bomas de Rumaliza, affaire de Kalambaré. — Résultat de ces campagnes.

II. Front septentrional et poussée vers le Nil. — Le commandant Van-Gèle à Djabbir (décembre 1890). — Le capitaine Ponthier sur le Bomakandi (octobre 1891). — Premières incursions des Mahdistes (mars 1894); convention avec l'Angleterre (12 mai 1894). — L'expédition du commandant Chaltin atteint le Nil à Redjaf; quelques procédés tactiques. — Révolte de l'expédition du commandant Dhanis.

Dès 1840, les Arabes de Zanzibar avaient réussi peu à peu à s'infiltrer, puis à s'implanter dans la région entre le Tanganika et le Congo; plus tard, leurs razzias débordent sur les deux rives du fleuve jusqu'aux embouchures du Lomani et de l'Aruwimi.

Déjà, en 1885, le capitaine Van-Gèle (1) avait entamé des négociations avec le fameux marchand d'ivoire Tippo-Tip, installé aux Stanley-Falls. Mais la paix promise ne dura que dix-huit mois; le 28 avril 1886, la résidence de Stanley-Falls, tenue par deux Européens —

---

(1) Le lieutenant-colonel Van-Gèle débuta au Congo en 1882, fonda les stations de Lutété et Equateurville, explora les rivières Ruki et Lopori, découvrit l'Oubanghi avec le capitaine Hanssens, résolut le problème hydrographique de l'Ouellé et organisa l'occupation de ce vaste territoire, avec une méthode et une sûreté qui peuvent servir de modèle. Est nommé vice-gouverneur général.

Dubois et Deane — fut attaquée par les hommes de Rachid, neveu de Tippo-Tip. L'intervention de Stanley, qui rencontra à Zanzibar, en février 1887, l'opulent personnage, permit d'éviter un conflit que l'Etat ne souhaitait guère pour l'heure; on préféra composer et élever le chef indigène à la dignité de gouverneur des Falls. Un peu plus tard, le poste était pacifiquement réoccupé par les capitaines Van-Gèle et Van-Kerckhoven (1).

Mais ce *modus vivendi* ne put subsister après la ratification par les Puissances (mars 1891) de l'Acte général de la Société anti-esclavagiste de Bruxelles (1889). Le gouvernement de l'Etat du Congo se trouvait obligé de prêter le concours de ses agents à la Société placée sous la direction technique du capitaine Storms.

Mais aussi l'œuvre d'expansion active dans les régions du Nord-Est et de l'Est avait déjà provoqué des conflits avec l'élément arabe.

Dhanis (2) et Van Kerckhoven furent les premiers, les principaux meneurs de ces brillantes expéditions.

Quoique la tâche soit un peu aventurée, nous allons nous appliquer, — pour plus de clarté simple, — à grouper ces scènes en deux actes.

Depuis de longs mois, dans le territoire entre le Lualaba et le Tanganika, le commandant Long, les capi-

---

(1) Le capitaine Vankerkhoven arrive au Congo en 1883, commande le poste des Bangalas, préside à l'occupation de toute la contrée, depuis ce poste jusqu'à l'Aruwimi, commande la première expédition vers le Nil, traite avantageusement avec les sultans du M'Bomu et de l'Ouellé; en plein succès, dans sa marche vers le Nil, est tué accidentellement par son boy. Avait été nommé inspecteur d'Etat.

(2) Le capitaine baron Dhanis débarque au Congo en 1886, se distingue particulièrement dans la campagne arabe dont il eut la direction; fut moins heureux dans son expédition vers le Nil, ses troupes s'étant mises en révolte; mais, par une ténacité qui ne se démentit pas, parvint, après de longs efforts, à vaincre la rébellion. Obtint le titre de vice-gouverneur général.

taines Descamp et Jacques (1) s'opposaient aux menées de Rumaliza, sultan d'Ujiji.

En dernier lieu, le 9 avril 1892, les troupes du capitaine Jacques étaient défaites à Mtoa, puis bloquées dans Albertville. Ce succès de Rumaliza décide le chef Gongo-Lutete à se déclarer vassal de Séfu, fils de Tippo-Tip et sultan de Kassongo.

Peu après, des agents du Syndicat commercial du Katanga — M. Hodister et ses compagnons — expient leur confiante initiative, massacrés par les hommes de Nserera, sultan arabe de Riba-Riba.

Enfin, Emin-Pacha, qui violait la région vierge entre les Stanley-Falls et le lac Albert-Edouard, était frappé, le 23 octobre, par de fanatiques assassins.

En tout hâte le commandant Dhanis inaugure la campagne; courant au plus pressé, il inflige par deux fois une déroute aux bandes de Gongo-Lutete.

C'est ici que s'intercale un des plus glorieux épisodes de la campagne. Le lieutenant Lippens et son adjoint, le sergent de Bruyne, résidant à Kasongo, tombaient aux mains de Séfu. De Bruyne parvenait à communiquer par lettre avec un détachement de l'expédition Dhanis et à avertir celui-ci des plans d'attaque de Séfu. Quelques jours après, en octobre 1892, nouvelle missive de de Bruyne contant les misères de la captivité et annonçant qu'il avait été conduit à trois heures de là, sous forte escorte, pour notifier aux représentants de Dhanis les volontés de Séfu.

Le lieutenant Scheerlinck, qui devait se rendre au lieu indiqué, prenait ses mesures pour tâcher de sauver

---

(1) Le capitaine Jacques, au Congo depuis 1887, fut nommé en 1891 chef de la deuxième expédition anti-esclavagiste et se maintint sur le Tanganika jusqu'au moment de la défaite définitive des Arabes.

le malheureux sergent. Le lendemain, le 15 novembre 1892, Scheerlinck, accompagné du docteur Hinde, vit apparaître sur l'autre berge un spectre que tout un groupe d'Arabes surveillait à une quinzaine de mètres. C'était de Bruyne, rendu méconnaissable par les privations, par les souffrances morales. Il s'assit sur la rive et baigna dans l'eau du fleuve ses pieds saignants.

Scheerlinck avait, à l'avance, posté ses meilleurs tireurs dans la brousse. Il demande à de Bruyne si quelqu'un comprend le français et, sur sa réponse négative, lui dit :

« Savez-vous nager?

— Oui.

— Alors, sautez à l'eau; votre lieutenant n'est certainement plus en vie. Vous pouvez fuir sans manquer à l'honneur. »

Et, comme de Bruyne doutait toujours du sort de Lippens, on insiste encore pour lui montrer l'invraisemblance de cette supposition, on le supplie de profiter de l'occasion unique qui s'offre en cet instant.

« J'ai d'excellents tireurs qui tiennent vos Arabes au bout de leurs canons... Sautez », criait Scheerlinck.

Un calme angoissant planait, une émotion profonde étreignait les acteurs de ce drame sublime.

Puis de Bruyne, d'une voix sourde :

« Ne me tentez plus, je vous prie. »

Et, à bout d'héroïsme, dans un geste d'adieux, s'en retourne vers son escorte.

Quelques jours après, les Arabes égorgeaient, dans leur hutte, Lippens et de Bruyne.

Aujourd'hui, à Blankenberghe, consenti par la souscription de l'armée, s'élève un monument glorifiant la mémoire du fidèle sous-officier.

Cependant, après avoir reçu la soumission de Gongo-Lutété, Dhanis se tournait contre Séfu, atteint le 23 novembre, sur les bords du Lomani ; le fleuve franchi, Munié-Pembé — fils de Munié-Moharra, sultan de Nyangwé — sera forcé dans son camp de Dungu (31 décembre 1892).

Aussitôt, le 9 janvier 1893, Munié-Moharra et Munié-Pembé espèrent prendre une revanche, cernant dans Kassongo-Luakila le sergent Cassart, qui, avec 27 hommes, avait quitté l'expédition d'Alexandre Delcommune au Katanga-Tanganika, pour rejoindre la colonne Dhanis. Cassart inscrit le plus brillant fait d'armes de la campagne par le combat de cinq heures, soutenu contre les Arabes. Déjà en retraite, ces vaincus sont ressaisis et retaillés par un détachement envoyé au secours de la vaillante petite troupe ; Munié-Moharra fut tué dans cette affaire.

Dhanis et ses lieutenants, de Wouters, Michaux, Scheerlinck, Hinde investissaient Nyangwé ; les renforts que lui amènent le commandant Gillain et le lieutenant Doorme permettront, le 4 mars la prise de cette résidence.

Kassongo, refuge de Séfu et de ses alliés, tombe à son tour le 22 avril. Mais le Sultan a pu s'enfuir et il ne se reconnaîtra pas vaincu, certain de l'assistance promise par Rumaliza.

Dhanis, aux fins de cette pénible campagne, devra attendre la venue du commandant Ponthier (1) (25 juin).

Celui-ci arrivait des Stanley-Falls depuis quelques semaines définitivement repris aux Arabes, au lendemain de la révolte de Rachid ; il y remplissait, en l'absence de son oncle Tippo-Tip, les fonctions de gouverneur

---

(1) Le lieutenant Ponthier partit pour le Congo en 1889, prit une part des plus actives dans la première expédition au Nil et dans la campagne arabe. Il fut tué, le 19 octobre 1893, dans le combat de Kassongo contre Rumaliza.

(13 mars). Le capitaine Tobback, chef du poste, s'était trouvé un instant dans un abandon des plus critiques; il avait été heureusement dégagé à temps par le lieutenant Chaltin (1), opérant sur la rive droite du Lomami. En cours de route, le commandant Ponthier, accompagné du lieutenant Lothaire (2), s'emparait de Kirundu, gîte du chef Kibongé. Ainsi, de Basoko à Kassongo, toute la rive droite du fleuve revenait définitivement à l'Etat.

Sur ces entrefaites, un incident de très fâcheuse importance : Gongo-Luteté, qui, assagi, combattait aux côtés des Belges, fut accusé de trahison — à tort disent beaucoup de témoignages — et fusillé à N'Gundu; dans tous les cas, grosse faute politique. A l'épouvante de cette salve, un chef auxiliaire, — et non des moindres, — Kitumba-Moya, passait aux Arabes avec six cents fusils; d'autres suivirent cet exemple; l'indiscipline désagrégeait les bandes formées par Gongo-Luteté.

Dhanis, attentif aux événements, demeurait toujours à Kassongo. C'est là qu'il eut connaissance, en octobre, de l'approche de Rumaliza et de Séfu, à la tête de forces considérables. L'engagement du 15 octobre ne fut pas favorable aux troupes de l'Etat; le second (19 octobre) devait être attristé par la blessure mortelle du vaillant Ponthier; la troisième affaire coûta la vie, d'un côté, au lieutenant de Heusch, de l'autre, au sultan Séfu.

---

(1) Le major Chaltin arriva au Congo en 1891. Participa brillamment à la campagne arabe. Châtia les chefs azandé révoltés, et prit Redjaf sur les Madhistes. Fut nommé inspecteur d'Etat.

(2) Le lieutenant Lothaire quitte la Belgique en 1891, remarquable par son audace, ses talents et la rapidité de ses mouvements. La campagne arabe lui valut une notable renommée; poursuivit, dans une équipée folle, les Arabes jusqu'à la frontière allemande et mit ainsi fin à leur domination. Se rendit célèbre en Angleterre par l'exécution de l'ex-missionnaire Stokes, devenu traitant d'ivoire et pourvoyeur des Arabes en armes et munitions.

Pourtant, peu à peu, Rumaliza reculait sur la place d'armes, qu'il avait eu la précaution de faire aménager; groupement de camps ou « bomas », si bien construits qu'à 100 mètres, le canon n'en pouvait entamer les murs.

Dans les premiers jours de janvier 1894, un gros contingent de soldats bangalas, drainés par Lothaire, autorisa une reprise énergique de l'offensive. On réussit, tout d'abord, à isoler les camps les uns des autres. Enfin, un obus ayant, le 14, fait sauter le magasin à poudre du principal boma, les forts se rendirent les uns après les autres. Rumaliza s'esquiva. Pourchassé, il fut rejoint, le 25 janvier, à Kabambaré, par Lothaire, assisté de Wouters et de Doorme; mais le Sultan d'Ujiji parvint, encore une fois, à rompre les rêts; pour clore la campagne, Rachid, las d'être traqué, venait se constituer prisonnier.

Le résultat de ces exploits, trop sommairement indiqués, peut se résumer comme suit :

Reconnaissance de tout le pays compris entre le coude du Sankuru et le Tanganika; — expansion de l'influence de l'Etat dans le Manyèma; — accaparement effectif du territoire entre le lac Moero, au Sud, et le lac Kivu, au Nord.

Le plus remarquable ensemble géographique qui correspond à cette époque devait avoir pour théâtre le Katanga et l'Urua : structure de la chaîne des Mitumba, du système hydrographique du Congo supérieur; tracé des cours de la Lufila, du Nzilo, du Lofoi; relevé des lacs Kissale, Kabeke, Moero et Bangwelo. A ces travaux, attachent leur nom : MM. Paul Le Marinel (1), Del-

----

(1) Le capitaine Paul Lemarinel, au Congo en 1889, fonda la station de Lusambo; explora toute cette région jusqu'à Bunkeia, capitale de Msiri, avec lequel il signa un traité. Fut nommé inspecteur d'Etat.

commune, Briart, Francqui, Cornet, Brasseur; et aussi ceux qui tombèrent, la tâche non accomplie, Bria, Bodson (1), Stairs.

Et de plus, — récent apport à la science, — la mission scientifique très brillante du lieutenant Lemaire (2) au Katanga (1896-1900).

Enfin, au commencement même de cette année, l'État, fort de son droit, faisait occuper le territoire du lac Kivu, que lui contestaient les Allemands du Sud-Est.

Le commandant Van-Gèle, opérant au nord du fleuve, avait été le premier à s'engager avec les Arabes, le 12 décembre 1890. Il apprend à Djabbir, où venait de s'effectuer la jonction avec le lieutenant Milz (3), que des pillards menacent les petits postes en amont. Les deux officiers courent sus aux agresseurs, les battent sur la Mbima, poursuivent pendant six jours dans la direction du Rubi, achèvent ainsi leur défaite irrémédiable.

La deuxième rencontre sera retardée jusqu'au mois d'octobre 1891. Cette fois, un peu plus à l'Est, au confluent du Bomakandi, il appartiendra au capitaine Ponthier de rudement châtier le nouvel adversaire.

---

(1) Le lieutenant Badsen, au Congo en 1888; attaché à l'expédition du capitaine Stairs au Katanga. Reçut pour mission de se rendre chez Msiri, potentat de cette contrée; là, se voyant menacé, il fit feu sur Msiri, mais succomba dans l'échauffourée ainsi provoquée.

(2) Le commandant Lemaire se rendit en Afrique en 1889, où il commanda l'Équateur et participa activement à la campagne arabe.

(3) Capitaine Milz: partit pour le Congo en 1889; organisa le poste de Djabbir sur l'Ouellé et, par son activité, son énergie et son audace, prépara soigneusement les voies à l'expédition de Vankerkhoven vers le Nil, qu'il atteignit seul, après la mort de son chef.

Ponthier faisait alors partie du détachement Van Kerckhoven, auquel était dévolue la poussée dans le Nord-Est, avec objectivité finale et secrète d'atteindre le Bahr-el-Ghazal. La mort du chef de l'expédition laissa au lieutenant Milz le soin de mener à bien la tâche commencée; il bordait le Nil en septembre 1892. D'autres colonnes pénétraient à Katuaka sur l'Ada, à Liffi (près de Dem-Ziber), à Bele où le capitaine Hanolet (1) établissait un camp.

Bientôt l'approche des bandes madhistes exigea un geste énergique des troupes de l'Etat. En mars 1894, les capitaines Delanghe et Bonvallet refoulaient les premières incursions; les capitaines Francqui et Christiaens interviennent à leur tour en décembre.

Dans le courant de cette même année 1894, l'Etat négociait deux accords (2), le premier avec le Foreing Office (12 mai), le second avec le gouvernement de la République (14 août). Le territoire congolais se trouva limité au Nord par le Bomu; ainsi, les Belges remirent à la France les postes créés par eux sur la rive droite. Dans le Bahr-el-Ghazal fut seule consentie l'enclave de Redjaf.

Plus tard, le baron Dhanis et le commandant Chaltin reçoivent mission de conquérir la zone concédée.

La colonne Chaltin, forte de 700 hommes, avait quitté le fort Dungu le 14 décembre 1896; elle touchait le Nil

---

(1) Le capitaine Hanolet débute au Congo en 1888 et se distingue successivement dans le nord du M'Bomu, où il pousse jusqu'au 8e degré, et dans la guerre contre les Madhistes. A commandé l'enclave de Lado pendant quatre ans. Inspecteur d'Etat.
(2) Voir IIIe partie.

le 14 février 1897. Trois jours après, Chaltin, en un opiniâtre combat, ravit aux Madhistes le poste fortifié de Redjaf.

Nous prendrons prétexte de cette expédition pour pénétrer les procédés tactiques usuellement adoptés. On pourra bien admettre que notre référence s'affirme ainsi des meilleures; elle autorise d'instructives « analogies » avec les méthodes consacrées par le major von Wissmann, par les lieutenants-colonels Plumer et Alderson, par nos camarades de l'armée coloniale dans le vaste domaine africain, théâtre de leurs brillants exploits.

A) MARCHE. — Premier échelon : *avant-garde*. — Deux pelotons accolés, étirés à la file indienne sur la piste et détachant à 300 mètres une pointe forte de 50 hommes (25 par peloton). La pointe se couvre par des éclaireurs, lesquels sont raccordés aux 500 auxiliaires Azandés des chefs Renzi et Bafuka; ces hommes, armés de la lance, protègent à environ 500 mètres les flancs de la colonne.

Distance : 200 mètres.

Deuxième échelon : *le gros*. — L'artillerie, le commandant de la colonne et quatre pelotons accolés, à la file indienne.

Distance : 200 mètres.

Troisième échelon : *arrière-garde*. — Un peloton avec le convoi; à l'extrême arrière-garde (distance, 200 mètres) les impedimenta escortés par des auxiliaires armés de la lance.

B) STATIONNEMENT. — Le bivouac affecte la forme d'un carré. Les deux pelotons d'avant-garde tracent le front; les quatre pelotons du gros garnissent les faces de gauche et de droite; l'arrière-garde ferme le carré, occupant la quatrième face.

Chaque peloton fournit, à 500 mètres en avant de la face qu'il constitue, deux petits postes de trois hommes commandés par un caporal; le poste place une sentinelle à une cinquantaine de pas.

Une centaine d'Azandés sont intercalés sur la ligne des sentinelles; le reste garnit les dehors de la face arrière.

Les bagages à l'intérieur du carré; les chefs de peloton derrière leurs unités; le commandant au centre.

Dans la plupart des cas, la pratique consacre le principe des *camps protégés*. Un des officiers les plus autorisés, le commandant Fiévez, attribuera le succès de la campagne en fin d'année 1898 aux palissades qui entourent les camps.

Dès l'arrivée à l'étape, il traçait avec un bâton le contour de son rectangle; un gradé marquait de mètre en mètre l'emplacement des palis. Les porteurs creusaient les trous pour loger les piquets, reliés par trois traverses. A environ $1^m,70$ de la première palissade se dresse une seconde un peu plus basse. Cette sorte de couloir, recouvert d'un toit, servait de logement. Enfin, déblayement du champ de tir sur au moins 50 mètres d'étendue.

Avant la tombée de la nuit, les groupes en armes étaient réunis sur leurs positions de combat.

On se rend compte de la grande confiance que procurait à tous, au chef comme aux soldats, la sécurité de ce système. Au moindre bruit, les sentinelles extérieures rentraient et la troupe, sur deux rangs à genou, s'apprêtait à fournir la salve. (Exemple : Panga, entre Banzyville et Yakoma.)

C) COMBAT. — Pour le combat les pelotons engagés se déploient sur un rang. Le commandant de la colonne en garde deux à son immédiate disposition; il les emploie soit pour secourir un point faible, soit pour la manœuvre enveloppante.

Les 500 auxiliaires armés de la lance étaient, le plus souvent, maintenus en arrière de l'aile destinée à prendre l'ennemi en flanc. Ils se trouvaient là en excellente posture pour donner la poursuite.

D'autre part, le baron Dhanis organise sa colonne.

Fin septembre (1896), l'avant-garde, nombrant 1.500 hommes, quitte Basoko sous les ordres du commandant Leroy; Dhanis, de Stanley-Falls, suivait avec le gros — 2.000 hommes — le 19 octobre.

Déjà ce deuxième échelon touche au delà d'Ecknanga, lorsque Dhanis reçoit avis de la révolte de son avant-garde, le 14 février 1897, à mi-chemin entre N'dirfi et Gumbiri.

L'expédition avortait.

CHAPITRE IV

LES RÉVOLTES

———

I. Dhanis rétrograde et subit un échec à Ekwanga (18 mars
1897); les débris de l'expédition ramenés à Avakubi (1er
avril); offensive du lieutenant Henry sur Mawambi (17 mai);
marche sur Kissenghé (juin); poursuite des révoltés jusqu'au
lac Albert-Edouard, succès du 15 juillet. — Opérations de
Dhanis : colonnes de Doorme, de Long, de Glorie et de Swenson. — Intérims de Van Gèle et de Long; échec de Stevens à
Sungula (6 novembre 1892); surprise désastreuse dans Kabambaré (14 novembre). — Dhanis reprend la direction de la
campagne : succès décisif du Dr Meyers, le 31 décembre 1898,
à Bawna Delwa; colonne mobile du commandant Hecq (juillet
1899); disparition des dernières traces de la révolte, septem-
tembre 1900.
II. Les causes de la mutinerie.
III. Insurrection de la garnison de Luluabourg (juillet 1895);
premiers échecs de Michaux et de Lothaire; succès de Lothaire
(18 octobre), refoulant les révoltés dans le Katanga. — Campagne du major Malfeyet (mai-août 1901).
IV. Rébellion du fort Shinka (avril 1900).

Le 14 février, avons-nous dit, l'avant-garde de Dhanis, en majeure partie composée de Batetelas et de Ban-
kussu, se révoltait.

Tous les officiers : Leroy, Inver, Mellen, Andriane,
étaient frappés. Seuls le Dr Vedy, le lieutenant Verbel-
len, les sous-officiers Bricourt et Spellier, formant la
pointe d'avant-garde avec 200 Likwangulas, purent se
soustraire au désastre; fuyant vers l'Ouellé, ils rejoignirent Avakubi en mai.

Les mutins, après s'être donné pour chef un des leurs,
Mulamba, retournent au fleuve. Sur leur trajet, deux
nouvelles victimes — les sergents Tagon et Closset —

et un premier succès, l'occupation du poste dressé sur la ligne de faîte Ituri - Kibali.

Le sous-lieutenant Delecourt, malgré une courageuse défense, a dû battre en retraite, recueilli par Dhanis Celui-ci rétrograde et pense pouvoir s'arrêter sur l'Ituri. Mais le combat du 18 mars, à Ekwanga, aura presque le caractère d'une défaite, œuvre des trahisons. Le commandant ramène sur Irumu les débris de sa colonne ayant perdu vivres, canons, munitions et cinq Européens : le commandant Jullien, le capitaine Cromborg (Danois), le sous-lieutenant Delecourt, Louis Dhanis et l'armurier Crahay.

Les révoltés, au lendemain de cette victoire, possédaient près de 2.000 fusils Albini, plusieurs millions de cartouches et un stock considérable de fusils à piston.

A Irumu, nouvelle désertion de 200 soldats tanganikas, lesquels viennent d'y arriver sous la conduite du lieutenant Hambursin. Irumu sera évacué, puis aussi Mawambi; ce qui subsiste de l'expédition — quelques Européens et une poignée de soldats plus ou moins fidèles — se retrouve, le 1er avril, à Avakubi. Dhanis, Hambursin et Henry y tiennent conseil. Il fut convenu que le lieutenant Henry garderait Avakubi; que Dhanis et Hambursin redescendraient aux Stanley-Falls préparer les moyens de résistance.

Henry se préoccupe tout d'abord d'organiser un service de renseignements, car de la révolte on ne savait pour ainsi dire rien; il s'applique ensuite à ressaisir la troupe.

Le 1er mai, on annonçait aux hommes le prochain départ, pour réoccuper Mawambi. Le 7, l'officier faisait appel aux gens de cœur; quatre-vingts soldats seulement sortirent des rangs; ils appartenaient tous au poste d'Avakubi et étaient de la même famille que les révoltés.

Après avoir laissé Barras comme chef de station,

Henry sortait d'Avakubi avec ces quatre-vingts noirs et les cinq adjoints européens (Derclaye, Friart, Kimpe, Rewers et Sauvage). Mais alors ceux de la garnison, qui croyaient pouvoir se faire entendre, le supplièrent de ne pas marcher contre les mutins avec une troupe de Batelebas, lui offrant en échange quatre-vingts autres hommes de choix absolument sûrs; ces propositions ne pouvaient être refusées.

Le 17 mai, réoccupation de Mawambi; Henry, non sans quelque surprise, y voit arriver, le 24, ses couards d'Avakuli, liés par la promesse de rallier le chef avec leurs femmes et leurs malades dès qu'ils auraient réuni des vivres en suffisance.

Installant Rewers avec une vingtaine d'hommes à Mawambi, Henry se porte, le 7 juin, sur Kissenghé à la tête d'une colonne de cinq cents soldats, en l'intention de châtier Cha-Mukono qui a fait acte d'hostilité, pillant et incendiant le poste de Karimi. Arrivé à Kissenghé le 21 juin, il apprend que les révoltés se sont, depuis près de trois semaines, retirés vers le Sud; la vaillante petite troupe s'élance dans leurs traces, jusque sur la Haute-Lindi, à quelques lieues de la pointe sud-ouest du lac Albert-Edouard.

L'ennemi approché le 15 juillet 1897 se présente en deux groupes :

Le premier, commandé par Kandolo, le successeur de Mulamba, assassiné, se laisse culbuter en un quart d'heure.

Le second, non sans audace, prit l'offensive; il ne fallut rien moins qu'une lutte implacable de trois heures pour mettre en déroute ces acharnés adversaires; le lieutenant Sannaes (précédemment rencontré à Mukupi) avait été atteint au cours de l'affaire.

En ce même temps, le baron Dhanis, après avoir fortifié Stanley-ville, après avoir posé des camps à Kirundu et à Kasuku, garnissait Nyangwé; en urgence, il actionne une colonne sous les ordres du commandant Doorme (lieutenants Tombeur, Melaerts, Adlerstrahle, Dr. Meyers; sous-officiers : de Coninck, Vermeulen et Eliard).

Pour leur part aussi, les chefs des districts en aval — Basoko, Bangala, Equarteurville — conscients de l'importance de la sédition, s'ingéniaient à diriger sur Stanley-Falls toutes les ressources disponibles : Européens, troupes noires, munitions et vivres. Le lieutenant Glorie, chargé des services de l'arrière, expédiait ces secours des Falls au quartier général de Dhanis.

En outre, une seconde colonne était organisée à Kasongo par les soins du lieutenant van de Moere; Kabambaré recevait des soldats.

Alors le détachement Doorme put s'éloigner de Nyangwé, marchant au Nord par Micici, Cffabunda et Kawaré-Waré à la recherche des révoltés disparus depuis leur défaite du 15 juillet.

En route, Doorme connut que l'ennemi essaimait ses bandes : 300 Wabudisi étaient isolés vers le Tanganika. 600 mutins tenaient à Boko sous la bannière de Saliboko; plus loin — à deux journées — un millier d'hommes commandés par Kandolo. Doorme, transmettant les informations à Dhanis, réclamait des renforts et des cartouches.

Dhanis, qui se disposait à envoyer à Doorme les secours sollicités, se ravisa au reçu d'une lettre du capitaine Tielemans mandant du Tanganika que les révoltés se rendaient au Kivu; que les postes de l'État étaient abandonnés et qu'un des chefs — le lieutenant Dubois — avait été surpris et massacré. Pour parer au plus pressé, Dhanis expédia au lac 900 hommes conduits par le commandant Long, les lieutenants van de Moere et Stevens.

Lassé d'attendre des renforts, encore pressé par les circonstances, Doorme dût se décider le 23 décembre 1897, à attaquer.

Sa troupe forma trois colonnes : le Dr Meyers au centre, le lieutenant Adlerstrahle à droite, l'adjudant de Ceunick à gauche. Saliboko, il est vrai, abandonna trois cents morts sur le terrain; mais il ne put être empêché de se réfugier dans le camp de son allié. Doorme, à son tour, subit le 10 janvier 1898, à Piáni-Kikrinda — site fortifié au sud de Boko — l'assaut de Kandolo et de Seliboko. Les assaillants perdirent 500 hommes; néanmoins, par suite du manque de munitions, les troupes de l'Etat battirent en retraite.

Doorme se replia sur Dhanis à Lokandu, remettant 200 hommes et toutes ses cartouches à ses deux lieutenants, chargés de barrer la route vers le fleuve.

Mais les révoltés, au lieu de menacer la ligne de communications avec les Falls, hâtèrent leur marche au Sud, vers Kawaré-Waré, qu'ils abandonneront à la vue des colonnes Swenson (500 hommes) et Glorie (400 hommes). Celui-ci les harcèle, malheureusement non suivi par Swenson, dont les hommes refusent leur concours, conséquence de rivalités et d'animosités de race. Glorie, très brave soldat, n'hésite pas, malgré son isolement, à attaquer l'ennemi le 17 juin 1898 à N'gwse; blessé, il se contente d'un succès équivoque, la bande entamée ayant été recueillie par les Wabudisi. Ces gens, insuffisamment châtiés par le commandant Long à Kalonga-Ngau, avaient — courant mai — surpris et battu les troupes du commandant Debergh (tué).

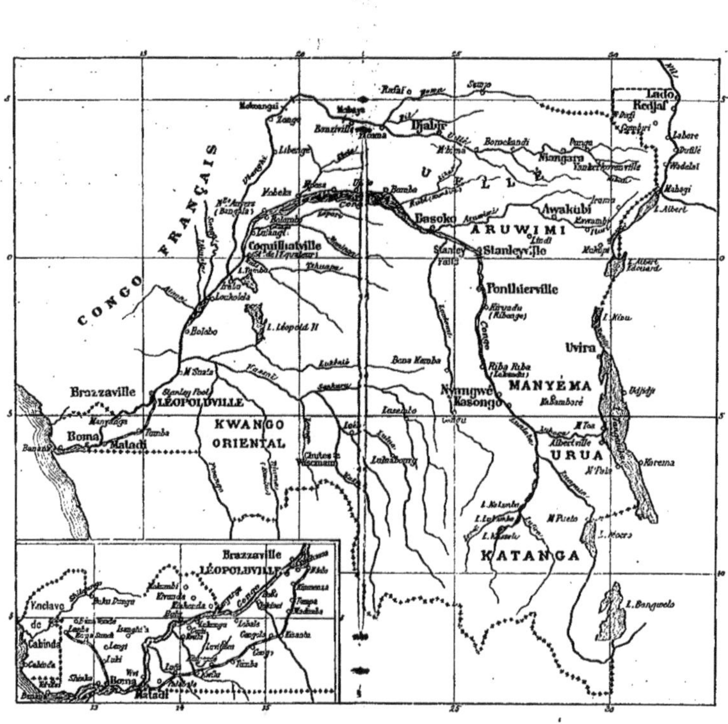
CONGO FRANÇAIS
KWANGO ORIENTAL
UÉLÉ
ARUWIMI
MANYÉMA
URUA
KATANGA
LÉOPOLDVILLE
Brazzaville
Boma
Matadi
Coquilhatville
(Éq de l'Equateur)
Basoko
Stanleyville
Ponthierville
Nyangwé
Kasongo
Uvira
Lado
Redjaf
Awakubi
Niangara
L. Léopold II
L. Albert
L. Kivu
L. Tanganyika
L. Moero
L. Bangwolo
Stanley Pool
Brazzaville
LÉOPOLDVILLE
Enclave
de
Cabinda
Boma
Matadi

Brazzaville
LÉOPOLDVILLE

Dhanis, en ce temps-là, retenait à Kassongo le détachement Meyers-Alderstrahl et la colonne Swenson; les fâcheuses nouvelles reçues le décidèrent à se porter sur Kabambaré avec Meyers-Alderstrahl (900 hommes).

La situation, à ce moment, — septembre 1898 — se présentait comme suit :

Les révoltés occupaient deux camps au nord de Baraka, dans le Masansé, rive occidentale du Tánganika. Malgré les revers que leur avaient fait subir Henry, Doorme, Long et Glorie, ils comptaient encore dans les 1.500 fusils Albini.

Du côté de l'Etat :

a) Deux cents hommes à M'Towa sur le lac (sud-est de Kabambaré) aux ordres du capitaine Hecq;

b) Trois cent trente hommes à Sungula, — bifurcation des routes ouest et sud; troupe solide, bien bridée par le capitaine Svenson, la seule sur laquelle il était permis de se reposer en toute confiance;

c) Neuf cents hommes de la garnison de Kabambaré, savoir : 600 hommes, reliquat de l'ancienne colonne Doorme, et 300 hommes animés de sentiments plus que douteux.

Surmenés par les marches et les combats, aspirant à quelque repos, ces soldats réclamaient en outre un arriéré de solde; et, pour bon nombre aussi, expirait le contrat de service; l'Etat ne contestait pas le bien fondé de ces exigences, mais il se trouvait lui-même aux prises, avec les difficultés du ravitaillement à si grandes distances, dans de lamentables conditions d'insécurité.

De ces causes, résultait un relâchement grave dans la discipline. Hélas ! on avait pu voir, alors que se tenait un conseil, le tumulte furieux des bandes hurlant aux oreilles des chefs leur parjure séditieux.

A cette heure, le major Van-Gèle débarquait d'Europe pour prendre le commandement des troupes; il pénétra aussitôt la troublante actualité. Son premier soin fut d'ordonner le renvoi dans leurs foyers des hommes ayant accompli le temps de service exigé; cette épuration résolue, restait un effectif global de 1.350 soldats. Encore s'imposait le prompt assemblage de ces forces par trop disséminées; en cette recherche, les capitaines Hecq et Svenson durent se raccorder de manière à couvrir le point important de Sungula. De plus, dans le but de gagner du temps, on chercha à entamer des négociations, donnant à entendre aux révoltés qu'on se contenterait de la remise des armes. Fâcheusement, le major Van-Gèle ne put mener à fin l'entreprise; une très grave maladie l'obligea en toute urgence à regagner la côte et à se faire rapatrier.

La conduite des opérations échut à Long, chef du poste de Kabambaré, en attendant le retour du baron Dhanis, lequel avait espéré pouvoir rentrer en Belgique.

Durant cette période s'accentue la menace d'une crise périlleuse.

Le 6 novembre 1898, les révoltés surprenaient à Sungula les soldats du commandant Stevens, successeur de Svenson, hospitalisé à Kabambaré; le capitaine Lardy et un sous-officier étaient tués, trois cents noirs lâchaient pied et désertaient. Le commandant Long (900 hommes) survenu trop tard pour prévenir le désastre, dut se borner à diriger les épaves de la colonne Stevens sur Kabambaré; il s'y trouvait quelques renforts fournis par le lieutenant Sterckx. Au total, 14 blancs et un millier d'indigènes.

Le 13 novembre, — le jour même des obsèques de Svenson, emporté par la dysenterie, — les reconnaissances signalaient l'approche de l'ennemi.

Le soir, vers 11 heures, le lieutenant Sterckx, assurant les avant-postes, se laissait aborder par une forte troupe que conduisait le chef D'Gouma; l'officier belge, dans l'obscurité avait cru discerner les couleurs blanc et bleu du commandant Long. D'Gouma déclara qu'il désirait faire sa soumission et présenter ses hommages au commandant; ces dires étaient fort vraisemblables, des pourparlers ayant été engagés, à diverses reprises, conformément aux instructions du major Van-Gèle.

Le lieutenant Sterckx — sans doute avec trop de faci- cilité — accorda libre pratique aux hommes de D'Gou- ma; ils pénétrèrent ainsi, de nuit, dans Kabambaré, sans donner l'éveil.

Le lendemain matin, à l'heure où les soldats allaient prendre leur repas, retentissait un coup de clairon; trai- treusement, le signal de l'attaque. La garnison, surprise, ne consent même pas à un simulacre de résistance; mal- gré les efforts des officiers, les soldats affolés se ruent vers Kasongo.

Aux avant-postes, le lieutenant Sterckx, blessé, ne pouvait échapper à la mort.

Les débandés furent reçus à Kassongo par Dhanis, n'ayant auprès de lui que le Dr Meyers.

Réorganisant tant bien que mal ses éléments plus ou moins démoralisés, le baron Dhanis façonne deux co- lonnes. Il en confie une, forte de près de 800 hommes, au Dr Meyers, assisté du commandant Sundt, des lieute- nants Delhaize, Peterson, Lindholm, Tandrup, Myrrhe et du sergent Aimard.

Le 30 décembre 1898, le Dr Meyers, parvenu pro- che de Kabambaré incendié, apprenait que les révoltés s'étaient repliés sur Sungula; sans même attendre l'ar- rivée de la colonne Dhanis — 500 hommes, capitaine Rue, sergent Eychermans, ...sus à l'ennemi.

Ayant marché la journée et toute la nuit, il assaille les mutins, le 31 au matin, dans le village de Bwana- Delwa. Après cinq heures de lutte farouche, les troupes de l'État remportaient un éclatant, un définitif succès.

On ne saurait trop élogier la prompte et énergique décision du D⟨r⟩ Meyers.

De longtemps, les vaincus ne pouvaient plus donner de graves inquiétudes; il suffit, pour achever la campagne, de réoccuper Sungula et de surveiller les abords du lac.

En juillet 1899, dernier soubresaut de la révolte. Une bande menace Sungula; il fut aisé de la rejeter au-delà de la Loama; c'est alors que le commandant Hecq, longeant vers le Nord les rives du lac, scella Baraka et Uvira.

Battus, traqués, les révoltés renoncent à la lutte; peu à peu leurs bandes s'émiettent. Les derniers groupes se laisseront désarmer, en septembre 1900, sur le territoire allemand.

Ainsi s'éteignit cette formidable révolte, après quarante-trois mois de lutte et d'énormes sacrifices en hommes et en argent.

Elle devait, bien entendu, provoquer en Belgique des commentaires nombreux et intéressés. D'aucuns en attribuent la cause à la sévérité outrée du chef de l'avant-garde de l'expédition Dhanis. C'est trancher, mais non résoudre. En admettant même l'influence de certaines fautes préjudiciables à un élément de la colonne, comment expliquer la troublante propagation, en quelque sorte instantanée, d'une mutinerie embrasant l'ensemble de la troupe, y compris le groupe de deux cents Tanganikas, parvenus à Irumu? Il est indispensable de rechercher d'autres tares.

A notre avis, les causes vraies de la sédition sont de nature complexe et nous croyons les trouver : dans l'infectiosité organique d'une troupe hâtivement levée en un district qui venait à peine d'être conquis sur les Arabes; — dans l'esprit guerrier et indiscipliné des Batetelas, alimentant en majeure partie le contrôle; — dans les fatigues inhérentes aux longueurs, aux difficultés de la marche et à l'insuffisance des vivres. Dhanis, ne l'oublions pas, avait dû, — docile aux pratiques arabes, — adjoindre à ses trois mille soldats la tourbe des femmes et des serviteurs; l'effectif des rationnaires se trouvait ainsi triplé, tout au moins; peut-on encore négliger dans ce tragique épisode le rôle des femelles de Nôd, dont l'action et l'influence sévissent parfois si profondément sur le nègre?

Ces énoncés acquièrent surtout de l'importance par comparaison. Considérons la colonne du major Chaltin qui, elle aussi, à cette même époque, s'oriente vers le Nil; rien, absolument rien d'anormal. Mais Chaltin commande une troupe, que lui-même et ses officiers ont instruite; les marches et les mouvements — d'une précision pour ainsi dire mathématique, — ne s'embarrassent ni de femmes, ni de serviteurs, ni d'impedimenta d'aucune sorte.

La révolte des Batetelas, trop peu connue jusqu'ici dans ses détails, mérite d'être étudiée avec soin par tous ceux qu'intéresse l'organisation des troupes noires et la façon dont elles peuvent se comporter en campagne.

En tous les cas, il demeure acquis que, même dans des circonstances aussi critiques, l'Etat du Congo disposait de moyens suffisants pour triompher des difficultés les plus grandes et les plus imprévues, pour affirmer sa force et sa puissance aux yeux des peuplades indigènes.

L'Etat avait déjà connu une première sédition de soldats, dont les débuts sont antérieurs à la grande révolte des Batetelas; de moindre importance, elle accuse néanmoins certaines péripéties d'un caractère de réelle gravité.

Le gros de la garnison de Luluabourg se composait d'anciens soldats de Gongo-Luteté, ce chef arabe exécuté le 14 septembre 1894, à Gandu, pour prétendu crime de trahison; on les avait, vers cette époque, relégués dans le Kassai, en la crainte qu'ils ne vengeassent leur maître.

Le 4 juillet 1895, à l'appel du matin, la mutinerie éclata brusquement; le lieutenant Carsart est blessé; le capitaine Pelzer, essayant de parlementer, tombe; le commis Lassaux a la chance de pouvoir s'échapper.

Après le pillage de la station, les insurgés — des Batetelas, pour la plupart — se rendent chez les Zappos-Zappos, cherchant, par des présents, à obtenir qu'on leur livrât Laissaux; les gens du village prennent les armes pour se défendre.

A la première nouvelle de la révolte, le sergent Lapière, du poste de Mukabua, se dirigeait sur Luluabourg avec 72 hommes; mais ces Batetelas l'abandonnent.

Le sous-lieutenant Konings, du poste de Wissmann-Falls, s'apprêtait également à marcher sur Luluabourg; mais ses hommes — encore des Batetelas — complotent de le mettre à mort; prévenu par un caporal indigène, Konings, grâce à son attitude énergique, en impose aux noirs et réussit à les désarmer.

À l'exception des fidèles Zappos-Zappos, le soulèvement, aux alentours de Luluabourg, se généralise. Même le 18 juillet, la mission de Saint-Joseph subissait une attaque; le lieutenant Cassart, quoique fort à court de munitions, la repousse. Heureusement, le lendemain, survient le commandant Michaux, avec 150 fusils et des cartouches.

Les révoltés — 250 hommes au plus, mais bien pourvus en armes et en munitions (1) — s'étaient cantonnés sur le Lubilach.

Les premières opérations dirigées contre eux n'aboutirent qu'à des échecs.

Le 5 août 1895, les lieutenants Sihaw, Froment et Bollen (tué) sont repoussés; journée fâcheuse, qui amène la perte de Kabinda.

Autre défaite des troupes de l'Etat à Gandu, sur le Lomani (un officier tué).

Insuccès plus grave encore du commandant Michaux, lors de l'attaque d'un camp, rive droite du Lomani; un blanc et 41 soldats tués, 38 blessés, sur un effectif de 350 hommes. Le lieutenant Svenson sauve le détachement d'un désastre complet.

Le 12 septembre, le commandant Lothaire éprouvait à son tour la contrainte de battre en retraite, après avoir dirigé le combat pendant plusieurs heures, de son hamac, où le retenait une blessure à la jambe.

Mais l'intrépide soldat, avec des renforts de Lutambo, revenait à la charge et, le 18 octobre, prenait une éclatante revanche sur les rebelles. Ils disparaissent dans l'extrême éloignement du Katanga.

De temps à autre, parvenait un écho attardé des actes de brigandage, des razzias, auxquels s'adonnaient ces pourvoyeurs attitrés des négriers arabes.

En fin de compte, — excités par le traitant autrichien Rabinek, — les mutins résolurent un rezzou contre M'Pweto, sur le lac Moero.

Sur ces entrefaites, aussi, le major Malfeyt gagnait Kabambaré (septembre 1900), pour y reprendre le com-

---

(1) 84 Batetelas, 10 Balubas, 21 Manyémas, 30 Babuys, 100 miliciens; 260 femmes; — 100 albiny, 100 chassepots, 8 meyers; 21.000 cartouches.

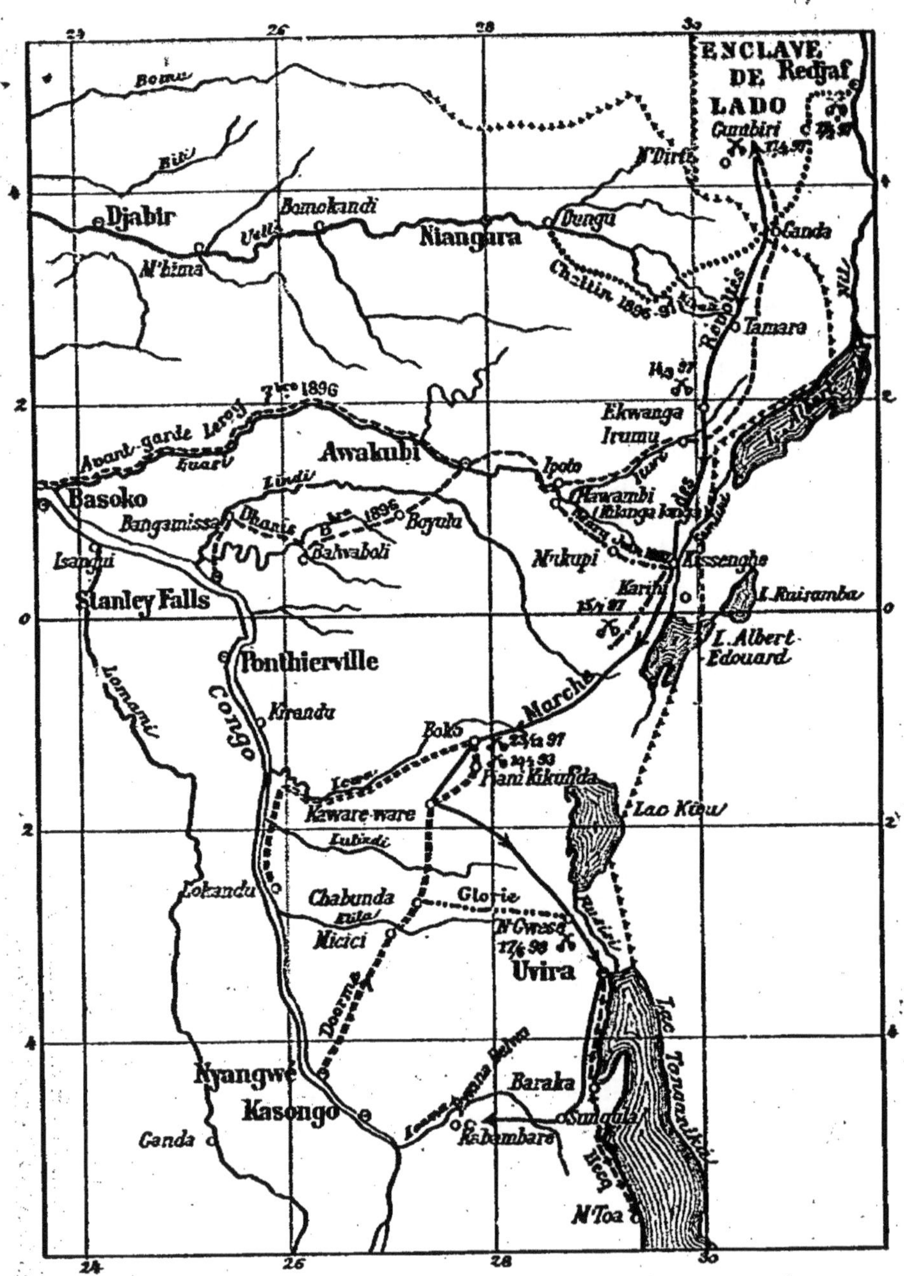

ENCLAVE DE LADO
Redjaf
Gambiri
N'Dirti
Canda
Bomu
Bili
Djabir
Bomokandi
Niangara
Dungu
Challin 1896-97
Rejouis
Tamara
M'bima
Uelle
Ekwanga
Irumu
7 km 1896
Avant-garde Leroy
Guari
Awakubi
Ipoto
Mawambi
Kilanga-langa
Basoko
Lindi
Bangamissah
Dhanis
B. km 1896
Boyulu
Bahvaboli
N'rukupi
Kissenghe
Isangui
Kariji
I. Ruisamba
Stanley Falls
L. Albert Edouard
Ponthierville
Lomami
Congo
Kirandu
Marche
Boko
Lewa
Riani Kikunda
Kaware-ware
Lao Kiou
Lubindi
Lokandu
Chabunda
Fila
Glorie
N'Gwasa
Micici
Uvira
Doorme
Nyangwe
Kasongo
Baraka
Sumgula
Kabambare
Canda
Tanganika
Lac
Ruzizi
N'Toa
Etat Congo.
4

mandement de Dhanis; il jugea la situation assez grave
pour agir sans retard. De première urgence, l'envoi à
M'Pweto d'un renfort de 75 hommes et d'une garnison
de 75 soldats à Ankoro, au confluent du Lualaba et du
Luapula.

Enfin, au mois de mai 1901, le major Malfeyt se trouva
en mesure d'opérer avec une colonne solidement organisée : 575 hommes, 11 officiers et sous-officiers, un
Maxim et un Krupp de 7,5.

Le 21 juillet, occupation facile de Kissala, important
local, que les insurgés ont abandonné; ils sont relancés,
le 4 août, à Muwumbi, près du lac Mumba, au sud-ouest
de Kissala; dûrement éprouvés, les vaincus sont recueil-
lis à Kilemba, ancienne résidence de Kassongo, aujour-
d'hui vaste enceinte des mieux fortifiée.

Le 25 août, les troupes de l'État abordent le camp
et l'enlèvent après un combat acharné de plus de deux
heures; les révoltés, en déroute, délaissent tout leur
avoir.

L'exploitation du succès fut confiée au lieutenant
Hendrickx, à la tête d'une colonne légère de 150 hommes venus de Ki-Kondia (lac Kassalé). Ce qui restait
des défenseurs de Kilemba dut se réfugier en territoire
portugais.

La révolte des soldats de Dhanis, la mutinerie de la
garnison de Luluabourg avaient créé dans le Haut-
Congo un état critique; les contingents de la région,
comprenant un très grand nombre de Batetelas, anciens
auxiliaires des Arabes, on pouvait appréhender un re-
doutable avenir.

Aussi fut-il jugé prudent de faire descendre le fleuve

à ces noirs, de le cantonner dans les stations de Léopold-ville, des Cataractes et autour du fort Shinka (Boma). Le gouvernement comptait, avec le temps, ou mater ou licencier ces soldats.

Par malheur, la période troublée se prolongea outre mesure; l'esprit de révolte passa sur ces exilés et, le 17 avril 1900, ils attaquaient la sentinelle du fort, pillaient le magasin d'armes, tuaient un blanc et en blessaient un autre.

Rien n'avait pu faire prévoir ce tragique éclat.

Les Européens, surpris, eurent à peine le loisir de se retrancher dans la maison du commandant, en l'attente de secours; mais la compagnie envoyée de Boma ne put rien entreprendre contre la bande bien armée et munie de deux mitrailleuses.

Pendant un jour et une nuit, la capitale de l'Etat demeura, en quelque sorte, à la merci des mutins; au bruit de leur canon pointé sur la ville et sur le port, le commandant Cabra, préparait la défense... Et, que serait-il advenu si les Batetelas, établis dans les postes en amont, avaient subi la contagion de l'exemple?

Le troisième jour, une éclaircie; un groupe de révoltés abandonne Shinka. Deux compagnies — l'une formée d'anciens soldats de la côte, l'autre de Sénégalais employés à la construction du chemin de fer — furent portées contre le fort; en même temps, trois colonnes pourchassaient les fugitifs; le commandant Sillye, au passage de la Lulua, les tailla en pièces.

Le fort de Shinka repris, ceux de ses défenseurs non tombés dans la lutte furent livrés au conseil de guerre et exécutés.

IIIᵉ PARTIE

LA CONQUÊTE ÉCONOMIQUE

CHAPITRE V

L'ADMINISTRATION — L'ORGANISATION JUDICIAIRE
LA FORCE PUBLIQUE — LA POPULATION
LES VOIES FERRÉES — LES RELATIONS BELGO-CONGOLAISES
LES CONFINS ET LA QUESTION DU BAHR-EL-GHAZAL

Le gouvernement de l'État indépendant du Congo comporte deux organes :

Le gouvernement central, à Bruxelles;

Le gouvernement local, à Boma.

Le gouvernement central se compose d'un secrétaire d'État et de trois secrétaires généraux pour l'Intérieur, les Finances et les Affaires étrangères.

Les hautes responsabilités de Secrétaire d'État ont été assumées, en octobre 1894, — lors du décret instituant cette charge, — par M. le baron Edmond Van-Eetvelde; les mérites éprouvés et la distinction exceptionnelle des services rendus lui ont valu le titre de ministre d'État.

L'important labeur de tous les services de l'Intérieur est confié à M. le secrétaire général Liebrechts, qui consacre à l'accomplissement de cette tâche accablante la prodigieuse activité et les brillantes qualités d'administrateur déjà certifiées par l'ancien commandant de Bolobo et de Léopoldville.

M. le chevalier de Cuvelier et M. Droogmans tiennent respectivement les Affaires étrangères et les Finances.

A Bruxelles, siège encore le « Conseil supérieur »

sanctionné par ordonnance du 16 avril 1889, pour faire office de Cour de cassation.

Le gouverneur général réside à Boma; le général baron Wahis (1) est, depuis 1891, le mandataire personnel du Souverain. Un vice-gouverneur peut l'assister ou le remplacer intérimairement. Un inspecteur d'Etat, un secrétaire général et sept directeurs coopèrent au gouvernement local, disposant, dans l'ensemble, de 1.272 agents.

Le territoire est réparti en 14 districts : Boma, Banana, Matadi, Cataractes, Kwango oriental, Lualaba-Kassai, Stanley-Pool, lac Léopold-II, Equateur, Bangalas, Aruwimi, Ubangi, Province orientale (répartie en cinq zones) : Stanley-Falls, Haut-Ituri, Ponthierville, Manyema, Tanganika-Uelé, comptant également cinq zones : Rubi-Uelé, Uelé-Bomu, Makua, Makiaka, Lado. De plus, la circonscription de Ruzizi-Kivu.

L'administration, dans chaque district, est centralisée par un commissaire, duquel relèvent les chefs de zones.

On compte, au Congo, 251 postes ou stations et 70 postes de culture et d'élevage.

Dans certains quartiers, ont été maintenues des chefferies indigènes (258); elles contribuent à consolider l'autorité de l'Etat sur des populations en voie de se transformer, elles facilitent leur concours régulier aux charges publiques.

Nous avons à distinguer d'une façon toute spéciale, dans le groupement administratif, la très prospère organisation du service de santé; il compte : 27 médecins, 20 commissions d'hygiène et 6 officines vaccinogènes.

---

(1) A servi au Mexique sous les ordres du général Vandersmissen. Grande et belle figure. Des rares privilégiés qui peuvent dire avec le poète : « *Exegi monumentum* ».

Un tribunal de première instance siège à Boma. Il se compose d'un juge, d'un officier du ministère public et d'un greffier; aucune réserve de nationalité pour la nomination des titulaires. Le tribunal étend sa compétence à l'ensemble du territoire et intervient en toute matière civile, commerciale et pénale.

Les tribunaux territoriaux (même composition) sont installés à Matadi, à Léopoldville, à Coquilhatville, à Nouvelle-Anvers, à Basoko, à Stanleyville, à Albertville, à Lusambo, à Popokabaka, au chef-lieu du Haut-Luapula et au chef-lieu du Lomami. Ils connaissent de toutes les infractions.

Un tribunal d'appel a été établi au Congo depuis 1896. Il comporte : un président, deux juges, un ministère public, un greffier; les fonctions de ministère public sont exercées par un procureur d'Etat, assisté de substituts et de substituts suppléants.

Des conseils de guerre sont attribués à vingt-huit garnisons, aux camps de Lisala et d'Umangi, au quartier général de la colonne mobile de la Province orientale; un conseil de guerre d'appel est institué à Boma.

Les frais du pouvoir judiciaire figurent au budget pour une somme de 900.000 francs.

Les premières troupes employées par les officiers belges étaient formées de nègres enrôlés à Zanzibar, à Lagos, à Sierra-Leone, à Accra, à El-Mina; procédé aléatoire et dispendieux.

En 1886, le capitaine Coquilhat (1) parvenait à recruter un certain nombre de Bangala; de même, le capitaine Van-Dorpe engageait des Manyanga; dès 1887 était tenté l'essai d'une milice noire. Les chefs indigènes, d'accord avec les autorités, désignaient quelques-uns de leurs sujets pour le service militaire; des esclaves libérés, et qu'on ne pouvait rapatrier, s'y engageaient volontiers.

Un premier décret sur le recrutement date du 30 juillet 1891; il est contresigné par le général baron Wahis, le véritable organisateur de la force publique.

Elle s'alimente par des engagements volontaires et par des levées annuelles.

On compta, en 1889, 111 volontaires; il y en eût 478 en 1890, puis 1.623 en 1891; au 1ᵉʳ janvier de cette année, leur chiffre atteint 5.278; dans ces conditions, déjà vers 1896, les ressources territoriales suffisent amplement, et les autorités peuvent se montrer fort difficiles à l'égard des nombreux étrangers désireux d'entrer au service de l'Etat. Cet afflux de volontaires a permis de réduire de plus en plus l'apport des levées annuelles; de 6.000 hommes en 1896, il tombe à 2.400 hommes en 1904.

Le mode desdites levées est déterminé par le commissaire du district, de concert avec les chefs indigènes. Les recrues doivent avoir de 14 à 30 ans, et sont liées au service actif pour une durée de sept années; les soldats touchent une solde journalière de 0 fr. 21, avec une prime mensuelle de réserve de 1 fr. 25.

Un décret du 26 novembre 1900 règle le mode de la Force publique; elle comprend : l'état-major, les

---

(1) Arrivé au Congo en 1882; créateur des stations de Kimpoko et de Bangala, où il se distingua particulièrement. Est nommé vice-gouverneur général; meurt en charge à Boma (1886).

compagnies actives, les compagnies de réserve et les camps d'instruction.

Le cadre européen comporte : le commandant de la Force publique, avec rang d'inspecteur d'Etat ; des capitaines commandants de 1re et de 2e classe ; des capitaines, lieutenants et sous-lieutenants ; des premiers sous-officiers, des sous-officiers, des adjoints militaires. (Effectif : 450.)

Le cadre noir admet : des sergents-majors, des premiers sergents, des sergents, des caporaux. (Effectif : 1.938.)

Les officiers sont au choix du Roi ; le gouverneur général nomme les sous-officiers et les caporaux.

L'effectif des compagnies actives (25) varie avec l'importance de la région ; ainsi, la compagnie de l'Enclave nombre 2.300 hommes, alors que celle du district de l'Uelé compte 600 hommes au maximum.

Des camps d'instruction sont marqués à Luki (Bas-Congo), à Yrimbu, Irebu et Umangi (Haut Congo).

L'Etat entretient présentement 215 postes (13 en 1885).

L'effectif général de l'armée s'élève à 16.175 hommes, non compris les corps de police locale et la réserve.

Ces corps de police locale trouvent emploi à Banana, Boma, Matadi, Léopoldville, Stanley-Falls, au Katanga, sur divers points des chemins de fer du Congo et du Mayumbe.

Depuis 1898, un corps de réserve occupe le camp de Lisala.

Les mutineries militaires, — notamment celles de Lualabourg et des Batetela, — ont fait connaître les inconvénients du recrutement local. Aussi l'Etat a soin de composer les garnisons de soldats provenant au moins de quatre régions différentes, avec, tout au plus, un quart de volontaires du district.

La femme légitime est autorisée à suivre son mari dans les divers changements de garnison; elle touche un salaire et ses enfants reçoivent une ration journalière. Chaque ménage dispose d'un lopin de terre. Les soldats sont souvent employés aux travaux publics et aux cultures alimentaires.

L'Etat favorise d'une façon très spéciale les rengagements. La solde du rengagé croit de 0 fr. 35 à 0 fr. 50 avec double salaire pour la femme; aussi, les rengagements sont nombreux.

L'entretien de la force publique motive une dépense moyenne de 7 millions 1/2, sur un budget énonçant 28 millions.

On projette d'appliquer, au Congo, un système de défense; il comprendrait trois lignes de résistance avec, comme réduit, le camp de Shinka. L'industrie nationale aurait déjà reçu de fortes commandes et le commandant du génie Wangermé s'est rendu, pour les tracés et inspections, dans la Province orientale.

Les populations occupant le territoire de l'Etat peuvent se ramener à trois races bien distinctes :

1° Les Bantus;

2° Les Nigritiens;

3° Les Négrilles et les Bosjeman.

1° Les Bantus se subdivisent en deux branches :

a) Les Bantus orientaux : Wakondjosous, Wawamba et Ruanda;

b) Les Bantus occidentaux : Bantus de la côte ou Bacongo (Musseronghes, Kakongo, Basundi, Bobanggu,

Basoko, Bangala, Batékès, Ababuas, Balolos, Mongos ; —
Bantus des forêts (Sakkaras, Bongos, Sangos, Banzirés,
Tumbas, Banzas, Kundus, Bagombi) ; — Bantus-Lunda
(Lunda, Manyemas, Warreggas, Balubas, Marungus,
Batetelas, Basanges).

2° Les Nigritiens se répartissent en Nilotiques et en
Foulah-Soudès (Bandjas, Svanguras, Abarambos).

Il existe quelques peuplades métissées.

Les données manquent pour évaluer le chiffre de
cette masse. Les uns estiment 14 millions d'âmes,
d'autres doublent.

L'exode des blancs se répartit comme suit : Allemands, 63 ; Américains, 30 ; Anglais, 98 ; Autrichiens,
7 ; Belges, 1.465 ; Danois, 29 ; Espagnols, 10 ; Français,
55 ; Grecs, 5 ; Hollandais, 126 ; Italiens, 156 ; Luxem-
bourgeois, 25 ; Norwégiens, 22 ; Portugais, 108 ; Russes,
13 ; Suédois, 105 ; Suisses, 21 ; divers, 70. Total : 2.345.

A l'heure actuelle, 48 sociétés belges et 14 sociétés
étrangères, groupant un capital de 136 millions de
francs, exploitent le Congo.

En 1887, le commerce spécial des exportations repré-
sentait une valeur de 1.980.441 francs ; elle atteint, en
1901, 50.488.394 francs. Le commerce général chiffre
54.758.000 francs.

Les produits exportés sont : les arachides, le café, la
gomme copal, les huiles, les noix palmistes, l'ivoire, le
cacao, le tabac, le riz, les peaux brutes et le caoutchouc.
Le caoutchouc, surtout, accumulant à lui seul 44 millions de francs (6.022.733 kilos).

Les importations accusaient 9.175.103 francs en 1893 ;
en 1901, on relève 23.102.064 francs pour le commerce
spécial et 26.793.079 francs pour le commerce général.

***

Il peut paraître étrange, à première vue, que l'immense territoire congolais ait gardé tant d'années, sur la carte de l'Afrique équatoriale, l'immaculée blancheur des terres inconnues, alors que l'embouchure du Congo était découverte par les Portugais dès 1485. Cela tient à ce que la région se trouve défendue au Nord par la zone saharienne et la région du Tchad; à l'Est, par les cuvettes des grands lacs et le massif du Ruwenzori; au Sud, par la ligne de faîte séparant le Zambèze du bassin du Congo; à l'Ouest, en amont de l'embouchure du fleuve, par des gorges, des rapides infranchissables, un bouleversement géologique, peut-être unique. Il semble qu'un cataclysme ait bossué le sol de mamelons gigantesques, dont les chaînons se croisent et s'enchevêtrent.

Stanley employait plus de deux années à se frayer une route de Vivi vers Léopoldville, à travers ce quartier des cataractes. Aussi la construction d'un chemin de fer reliant Matadi (en face de Vivi) au Stanley-Pool constitue-t-elle un des plus audacieux projets que l'art de l'ingénieur moderne ait réalisés. L'idée en germait dès 1878, à Bruxelles. Après le leurre successif de deux syndicats — dont un anglais — se constituait, le 9 février 1887, une Compagnie, ayant pour but l'étude, l'établissement et l'exploitation d'un chemin de fer reliant le Bas Congo au Stanley-Pool. Plus tard, le 31 juillet 1889, l'entreprise passait à la Compagnie du chemin de fer du Congo, au capital de 25 millions. Le gouvernement belge souscrivit pour 10 millions. Dès 1890, on se mit à l'œuvre.

« Pendant toute la première période, dit M. A.-J. Wauters dans son livre sur l'*État indépendant du Congo*, les travaux souffrirent d'une désespérante lenteur, à

Matadi, dans le ravin Léopold, le long du Congo, dans la vallée de la Mpozo, à la montée de Palabala. Le manque de confort et de vivres frais, l'action débilitante de la température, la difficulté de la tâche, les maladies contagieuses, tout contribua à rendre excessif le taux de la mortalité. Sur 4.500 indigènes employés aux chantiers de janvier 1890 à mai 1892, 900 succombèrent. » Parmi les contingents réduits, les désertions se multipliaient, les révoltes éclataient. La ligne n'aboutissait encore qu'au 9ᵉ kilomètre, et les dépenses s'élevaient déjà à 11 millions et demi.

On voit, par ces quelques détails, quelles furent les difficultés inouïes de l'œuvre.

Mais, dès que la locomotive eut atteint le 16ᵉ kilomètre (Palabala), l'avancement évolua à une allure plus rapide. La première section de 42 kilomètres était ouverte le 4 décembre 1893, par le gouverneur général Wahis. En Belgique, après de longs débats, le Parlement se décidait à approuver une largesse par laquelle l'État belge portait son concours de 10 à 15 millions et accordait, en outre, l'aval du Trésor à une émission de 10 millions.

Le 22 juillet 1896, M. Wangermé, vice-gouverneur général, recevait la station de Tumba (188ᵉ kilomètre) et, le 16 mars 1898, la locomotive touchait Dolo, à la rive du Stanley-Pool.

Les fêtes inaugurales furent solennisées en juillet, devant un représentant du Roi, le vice-gouverneur général du Congo, un mandataire du gouvernement belge, des délégués officiels de nombreuses puissances et un groupe de journalistes. De droit, les présidait le lieutenant-colonel Thys, directeur général de la Compagnie, initiateur de cette entreprise grandiose, à laquelle il a consacré son énergie, sa ténacité et ses efforts inlassables.

Le service de l'exploitation occupe 2.000 ouvriers, presque tous indigènes. Le chemin de fer s'étire à voie unique avec de nombreux garages; son écartement mesure $0^m,75$; le rail pèse 100 kilogrammes le mètre courant. Les pentes les plus fortes ne dépassent pas 45^{mm}. Les courbes extrêmes ouvrent un rayon de 50 mètres dans les passages accidentés, et de 60 mètres en palier. Le tracé épouse presque toujours la forme du terrain. Le nombre des ponts peut paraître considérable; les plus importants sont ceux jetés sur l'Inkissi (100 mètres, tubulaire), le Kwilu (80 mètres), la Kibueza (70 mètres), la Mzopo (60 mètres), la Kimeza (60 mètres), la Lufu (50 mètres).

Les travaux ont coûté 65 millions.

Le voyage de Matadi à Dolo (en face de Brazzaville) exige deux jours, avec arrêt de nuit à Tumba.

Outre le chemin de fer des Chutes, a été entreprise la construction d'une ligne destinée à rattacher la province de Mayumbe à Boma, via Lengi et Boma-Sundi (environ 60 kilomètres, à écartement de $0^m,60$).

Enfin, on achève, en ce moment, les études des voies ferrées qui doivent relier le Congo aux grands lacs et au Nil, en vue de doter le territoire congolais d'un réseau de voies ferrées qui complétera les ressources déjà offertes par le régime fluvial pour l'exploitation commerciale du pays.

Le railway partant de Stanleyville, longeant le Lualuba, est commencé. Le kilomètre 30 a été franchi en décembre 1903 et les études définitives embrassent un parcours de 125 kilomètres.

Le Parlement belge, dans ses séances du 28 (Chambre) et du 30 (Sénat) avril 1885, autorisait le Roi à accepter la souveraineté du Congo, l'union avec le nouvel Etat étant exclusivement personnelle.

Le 29 avril 1887, les Chambres consentaient à l'émission, en Belgique, d'un emprunt de 150 millions contractés par l'Etat du Congo.

Le 29 juillet 1889, le royaume facilitait les débuts de la Société du chemin de fer de Matadi à Stanley-Pool par apport souscrit de dix millions, somme portée à 15 millions en 1896; en même temps, l'Etat belge accordait son aval à une émission de dix millions. Au mois de juin 1890, le Parlement concédait un subside de 30.000 francs à l'expédition Delporte, chargée de lever le cours du Congo et de ses principaux affluents.

A la suite du testament de Léopold II, signé le 2 août 1889 et léguant au royaume le domaine colonial, intervenait — le 3 juillet 1890 — un acte entre le Congo et la Belgique; cette dernière s'engageait à avancer à l'Etat indépendant une somme de 25 millions. Six mois après l'expiration d'un premier délai de dix ans, l'Etat belge se réservait le droit d'annexer l'Etat débiteur ou d'exiger le remboursement du prêt en dix annuités, alors productives d'un intérêt de 3,5 p. 100.

Le 9 janvier 1895, le gouvernement congolais se voyait obligé de solliciter la faculté de contracter de nouvelles charges. Le cabinet belge crut alors devoir avancer l'échéance de l'accord de 1890 et déposa un projet de loi d'annexion.

La campagne fut vive. On pensait même qu'une majorité était déjà acquise au projet, lorsque se produisit une sorte d'accommodement. Sur l'initiative d'un de ses anciens présidents, la Chambre vota un subside provisionnel de 5.600.000 francs; le projet d'annexion devenait inutile.

Les dix années révolues, la question de la reprise du Congo ne fut pas considérée comme mûre et, d'autre part aussi, l'Etat indépendant déclara que sa prospérité financière l'affranchissait de toute assistance pécuniaire. La loi du 10 avril 1901, ainsi conçue, en donne texte :

« Voulant conserver la faculté qu'elle tient du Roi-Souverain d'annexer l'Etat indépendant du Congo, la Belgique renonce, quant à présent, au remboursement des sommes prêtées audit Etat en exécution de la convention du 3 juillet 1890, approuvée par la loi du 4 août suivant et en vertu de la loi du 29 juin 1895, ainsi qu'à la débition des intérêts sur les mêmes sommes.

» Les obligations financières contractées par l'Etat indépendant à raison des actes précités ne reprendraient leur cours que dans le cas et à partir du moment où la Belgique renoncerait à la faculté d'annexion susvisée. »

Ainsi sont réglés les rapports essentiels entre le Royaume et l'Empire africain.

Des difficultés ont été soulevées, à diverses reprises, par certaines puissances, au sujet des confins congolais et du lotisement des zones d'influence; elles motivent des conventions avec le Portugal, avec la France, avec l'Angleterre.

Avec le Portugal, deux accords, en 1891 et 1894, relatifs au Bas Congo, aux districts de Noki, de Kwango et de Lunda.

Entre la France et le Congo interviennent cinq arrangements :

21 novembre 1885 : quartier du Manyanga;

29 avril 1887 : cours de l'Ubanghi et tracé le long du 4e parallèle nord;

14 août 1894 : zone du Bomu;

5 février 1895 : délimitation de la colonie française dans le Stanley-Pool.

Enfin : redressement de quelques parties de frontière dans le Bas Congo.

Une convention très importante, du 12 mai 1894, avec le cabinet de Londres, intéresse le front est : Nil, lacs Albert, Tanganika, Moero et Bangwelo.

M. A.-Y. Wauters écrira à ce propos dans un livre toujours à citer :

« La Grande-Bretagne a donné à bail au Souverain du Congo, pour être occupée et administrée par lui durant la durée de son règne, la rive gauche du Nil, depuis Mahagi (lac Albert), au sud, jusqu'à Fashoda, au nord, ainsi que la partie du bassin du Bahr-el-Ghazal limitée, à l'ouest, par le 25ᵉ méridien et, au nord, par le 10ᵉ parallèle. A l'expiration du règne de Léopold II, la rive gauche du Nil, ainsi que la partie du territoire comprise entre le fleuve et le 30ᵉ méridien, feront retour à l'Etat bailleur, tandis que l'Etat du Congo (ou éventuellement la colonie belge qui le remplacerait) conservera un droit de bail pour la partie du bassin du Bahr-el-Ghazal située à l'ouest du 30ᵉ méridien, ainsi que sur une route de 25 kilomètres de largeur partant de la frontière de l'Etat le plus proche, pour aboutir à Mahagi, sur le lac Albert. »

Les protestations de l'Allemagne, particulièrement visée, engagèrent les deux contractants à renoncer à l'article traitant dudit chemin de ronde.

La France, aussi intéressée dans le domaine, obtint de l'Etat indépendant l'abandon de ses vues sur le Bahr-el-Gazal ; l'accommodement du 14 août 1894 admet, mais rien de plus, l'exercice politique de l'Etat dans le petit territoire borné par le Nil (Est), par le 30ᵉ méridien (Ouest) et au Nord par le parallèle 5°,30.

Sur ces données, l'interprétation admise en Belgique sera la suivante :

Le terme du bail de l'enclave de Lado est fixé à la fin du règne de Léopold II ; le bail de la route donnant accès au lac Albert se prolongera aussi longtemps que durera l'indépendance de l'Etat du Congo ou son annexion à la Belgique.

Nous avons fait connaître, dans le chapitre III, les résultats de l'heureuse et brillante campagne du commandant Chaltin. Le 12 novembre 1897, le Roi-souverain spécifiait que « les décrets, ordonnances, arrêtés et règlements en matière de justice et d'état-civil qui sont ou seront mis en vigueur dans l'Etat indépendant du Congo, seront appliqués auxdits territoires ». Ceux-ci devenaient donc, au point de vue administratif, un prolongement de l'Etat.

Le 4 juin 1898, le commandant Hanolet, qui avait remplacé Chaltin, à Redjaf, repoussait définitivement les Madhistes.

En ce même temps, se produisaient des événements dont plusieurs devaient avoir, sur la question de Lado, une pesée directe et immédiate :

Retraite, sur le Sobat, le 30 décembre 1897, de la randonnée française du marquis de Bonchamps ;

Arrivée à Fashoda, le 10 juillet 1898, du commandant Marchand ;

Bataille d'Omdurman et reconquête de Khartoun par l'armée anglo-égyptienne (3 septembre 1898) ;

Rencontre de Kitchener et de Marchand (le 19 septembre 1898) ;

Abandon du Haut-Nil par l'expédition Marchand (le 11 décembre 1898) ;

Accommodement anglo-français du 21 mars 1899.

Cet acte délimitait les zones d'influence respectives de

l'Angleterre et de la France; celle-ci renonçait à tout rôle dans le bassin du Haut-Nil.

Dès lors, la convention franco-anglaise du 14 août 1894 cessait ses effets et la charte anglo-congolaise du 12 mai 1894 reprenait force et vigueur.

Néanmoins, la Grande-Bretagne ne l'admettait pas ainsi et notifiait à l'Etat Indépendant que les droits de l'Egypte sur le Haut-Nil étaient ressaisis par suite de la réoccupation du Soudan. On apprenait alors qu'une annexe au titre de 1894 énonçait que « les parties contractantes n'ignorent pas les prétentions de la Turquie et de l'Egypte dans le bassin du Haut-Nil. »

L'Etat du Congo répudie cette thèse; il soutient que, depuis la proclamation de l'indépendance de l'ancien Soudan égyptien, édictée en 1881 par Gordon pacha, il ne subsiste plus, dans ces territoires, la moindre trace de souveraineté anglo-égyptienne.

Somme toute, le débat porte sur les territoires de Fashoda et du Bahr-el-Ghazal, livrés à bail à S. M. Léopold II, pour la durée de son règne, et auxquels l'Etat renonçait par la convention du 14 août 1894, annulée par celle du 21 mars 1899.

Le gouvernement anglais n'a jamais manifesté le vouloir de rompre le bail relatif à l'enclave de Lado, ni de discuter les droits du Roi sur le territoire de Mahagi.

On voit donc combien est impropre la formule : « Question de Lado », communément employée.

IV° PARTIE

LE CONFLIT ANGLO-CONGOLAIS

CHAPITRE VI

Nous nous appliquerons, dans cette quatrième et dernière partie de notre travail, — d'une facture quelque peu délicate, — à faire passer sous les yeux du lecteur un dossier colligé avec la plus scrupuleuse impartialité.

Il comprend :

1° L'acte accusateur dressé par l'Angleterre, flétrissant les atrocités dont se seraient rendus coupables les fonctionnaires et agents du gouvernement congolais; crimes dénoncés à la Chambre des Communes, notifiés par des pièces diplomatiques, relevés dans les rapports des consuls, divulgués par la presse, connus des missionnaires et étalés au grand jour par la réclame de la *Congo Reform Association*. De la sorte se justifie une violente campagne d'indignation.

2° Le plaidoyer en faveur de l'Etat évoquant la sincérité d'un ensemble de témoignages, arguant de la mauvaise foi des calomniateurs et du caractère diffamatoire de certaines manœuvres; attestations que certifieront des enquêtes. Cette surabondance de preuves concède aux patriotes belges le droit de protester avec véhémence.

×

Le 20 mai 1903, sur l'initiative du député Samuel, la Chambre des Communes votait à l'unanimité un ordre du jour, véritable mise en accusation de l'Etat indépendant.

Ainsi aboutissait une patiente campagne insidieusement ourdie depuis de longues années. Le commerce britannique proclamait la déchéance morale de l'Etat du Congo, pour préparer les voies à une éventuelle confiscation.

Le *Bulletin officiel,* — organe de l'Etat, — releva l'outrage; il lui fut aisé d'établir :

L'inanité des charges visant les atrocités soi-disant tolérées de la part des fonctionnaires, des agents des compagnies; les crimes ou délits de cet ordre sont prévus par les lois et réprimés par les tribunaux congolais;

Le non-fondé des griefs formulés contre le régime foncier. Le Congo n'a jamais songé à s'affranchir des charges imposées par l'Acte de Berlin. Une ordonnance du 1ᵉʳ juillet 1885 proclame la règle de droit qui veut que les biens sans maître appartiennent à l'Etat. Dans ce domaine, la récolte des produits végétaux ne peut être autorisée que par des concessions spéciales; il en est de la sorte, par principe, dans toutes les colonies;

Enfin, les autorités juridiques sont d'accord pour déclarer que le terme « monopole ni privilège d'aucune espèce en matière commerciale » ne vise en aucune façon la concession ou l'exploitation des terres vacantes qui constituent des actes de propriétaire, des actes civils.

Mais, bien plus :

Le 8 août, le gouvernement anglais sanctionnait le

vote des Communes par l'envoi d'une Note aux Puissances signataires de l'Acte général de Berlin.

En ce document, le cabinet de Londres dénonçait de mauvais traitements infligés aux indigènes et l'existence de monopoles commerciaux.

Il nous faut résumer les essentielles allégations énoncées dans cette pièce.

L'administration du Congo n'a que médiocre souci des indigènes qu'elle a tache de gouverner. Son unique objectivité est de se procurer des revenus; à telle fin, accommodation d'un système de travail forcé ne différant de l'esclavage que de nom; le rendement réclamé de chaque village est exigé avec une rigueur qui dégénère presque toujours en cruauté. Relevant des cas individuels, la Note constate le fait indéniable d'agents convaincus de sévices à l'égard des indigènes et alors, de conclure avec « une inexorable assurance » : attendu la vaste superficie du territoire, la découverte d'atrocités de ce genre devient difficile; on est donc en mesure d'affirmer que le nombre des condamnations reste considérablement en dessous des crimes perpétrés.

Il est *rapporté* qu'aucun effort généreux n'est tenté pour façonner l'indigène à des travaux rémunérateurs. La pratique procurant des travailleurs et des soldats, perpétue celle usitée pour capter des esclaves. A vrai dire, le Gouvernement de Sa Majesté ne sait pas d'une façon précise jusqu'à quel point ces accusations sont exactes; mais elles ont été reproduites avec tant d'insistance qu'il n'est pas permis de les ignorer plus longtemps.

En ce qui regarde la question commerciale, le Cabinet anglais s'applique à certifier que les territoires congolais sont réservés à l'Etat lui-même ou accaparés par des compagnies dans sa dépendance immédiate et cela, sous un régime qui, de fait, a écarté le libre commerce, concurrence aux exploiteurs du sol.

Des *informations* parvenues au Gouvernement de Sa Majesté *tendent à montrer* que l'indigène déserte les postes congolais et que l'émigration se manifeste sur une grande échelle vers les territoires voisins; les natifs se plaignent, le plus souvent, d'avoir été chassés de leurs villages par la tyrannie des agents et par les exactions des soldats.

Pour conclure, la Note invite les Puissances à rappeler l'Etat du Congo à la due observance des dispositions de l'Acte de Berlin. Elle ajoute textuellement :

« Le gouvernement anglais ne conteste en aucune façon, à l'Etat, le privilége de répartir les terres entre les occupants *bona fide*, partage qui fait perdre aux indigènes le droit de parcourir ces terres et d'en recueillir les produits. Mais le Gouvernement de Sa Majesté maintient que l'indigène peut disposer à sa convenance des produits d'une terre non encore soumise à l'occupation individuelle, et dont il est seul à cueillir les récoltes. »

Telle est la substance de cette circulaire; des allégations non contrôlées, des hypothèses vaguement déduites. L'Etat indépendant, une première fois, en juin 1903, réclamait des preuves plus décisives.

La réponse de l'Etat, en date du 17 septembre 1903, s'affirmait comme il convenait : ferme, nette et d'une rigoureuse logique.

Certainement, des crimes et délits ont été commis au Congo, sans le moindre doute aussi, des atrocités. Par malheur, on sait que les colonies sont sujettes à ces excès, comme il ne serait que trop facile de démontrer; l'Angleterre, moins que toute autre puissance, peut se donner l'orgueil d'ignorer ces vilenies. L'Etat, dans cet ordre, ne décline aucune responsabilité; il a conscience de remplir sa mission, déférant aux tribunaux les auteurs de tous les forfaits connus. Si des actes coupables sont demeurés impunis, la justice exige, pour s'éclairer, non des racontars, mais des preuves. Le gouvernement anglais prétend relever des charges dans les rapports de ses agents consulaires; l'Etat du Congo désire avec insistance la communication desdites pièces.

M. Chamberlain, le 6 avril 1901, déclarait à la Chambre des Communes que, dans l'intérêt même des indigènes, il était voulu de les faire travailler. Et encore, le 24 mars 1903 : « Il est, à mon sens, absolument ridicule de prétendre que, par suite de l'établissement d'une taxe sur les indigènes, nous avons réduit ceux-ci à une condition de servitude et de travail forcé. » L'Angleterre s'accommode fort de ce procédé. Ne serait-il pas — par singulière exception — de mise au Congo belge ? Bien entendu, le natif ne pouvant acquitter la taxe en numéraire, fournit en corvées sa part contributive. En domaine congolais, le travail imposé au noir totalise à peine quarante-huit heures par mois; les nègres des colonies anglaises sont moins avantagées. Sir Havry Johnston, qui a connu dans l'Uganda des sujets de l'Etat, a témoigné de leur peu de goût pour l'émigration.

L'effectif des troupes entretenues par l'Etat suffit à faire ressortir la médiocrité des charges militaires : un soldat pour 10.000 natifs. Les officiers, étrangers, — italiens, suédois, norvégiens, danois, — qui ont servi dans la force publique attesteront la docile discipline des contingents indigènes.

En 1893, à une époque où existait encore le portage à dos d'homme, remplacé depuis — là-même où il fonctionnait le plus activement — par le chemin de fer et l'automobile, le consul anglais Pickersgill appréciait comme suit la situation :

« L'Etat a restreint le commerce des spiritueux; il est

à peine possible d'évaluer le service ainsi rendu aux indigènes; les guerres entre tribus ont été supprimées sur une vaste étendue.

» L'Etat doit être félicité pour la sécurité garantie à tous ceux qui vivent sous son pavillon. Hommage revient encore au gouvernement du Congo pour son zèle à réprimer le cannibalisme, à faire cesser les razzias d'esclaves. »

Observons qu'en 1898, le chiffre des exportations n'avait pas encore atteint, comme en 1902, 50 millions de francs. Un consul anglais pouvait donc se permettre de rendre compte simplement, véridiquement, de ce qu'il avait le devoir de constater.

Il n'est pas besoin d'une grande clergie pour relever la confuse incertitude voulue par la Note anglaise entre « commerce » et « mise en valeur de la terre par son propriétaire ». Admettra-t-on que l'indigène qui récolte pour compte de propriétaire ait licence de céder le produit à un tiers? Les occupants *bona fide* ne sont-ils pas devenus propriétaires? La terre, valablement inoccupée n'est-elle pas réputée sans maître, par suite, domaine de l'Etat? Qui déniera à l'Administration le privilège de disposer de ses biens en faveur de qui lui agrée? Enfin, si en dépit de droits acquis régulièrement par des Européens, des terres domaniales se trouvaient livrées aux indigènes, — même à titre temporaire, — ne serait-ce pas le retour à leur primitif caractère d'abandon? Au résumé : il a plu à l'Etat du Congo de gager les domaines en vue de se procurer les ressources nécessaires à son œuvre civilisatrice dans le centre de l'Afrique. L'Acte de Berlin n'interdit pas ce mode; il n'a édicté aucune proscription des droits de propriété.

La Réponse formule encore :

« Il n'échappera pas aux Puissances que les fins de la Note anglaise, en suggérant une référence à la Cour de La Haye, tendent à faire considérer comme cas d'arbitrage des questions de souveraineté et d'administration intérieure; or, la doctrine courante a toujours soustrait ces cas aux sentences d'arbitres. »

Et le gouvernement du Congo, ne cachait pas sa surprise d'avoir à relever ce penchant inopiné de l'Angleterre en faveur de l'arbitrage, toujours décliné dès qu'il s'applique au bail des territoires du Bahr-El-Ghazal!

Les attaques dirigées contre l'Etat Indépendant du Congo ne pouvaient manquer de provoquer dans toute la Belgique un émoi considérable, une profonde et patriotique indignation.

Dès la première heure, le lieutenant-colonel Van Gèle fera entendre un cri d'alarme, un appel; nul mieux que l'ancien vice-gouverneur général n'était qualifié pour diriger ce mouvement protestataire. A tel titre, lui était dû le déférent et sympathique hommage en l'avant-propos de notre étude.

Le 15 juin 1903, sous la présidence de M. Léon Monnayer, l'*Union syndicale*, qui représente l'ensemble des Chambres de commerce de Bruxelles, — généreusement initiatrice comme toujours, — tenait séance, à l'issue de laquelle était votée l'importante résolution ci-après, présentée par M. le sénateur Hubert Brunard :

« Vu les débats qui ont eu lieu le 20 mai 1903 à la Chambre des Communes;

» Considérant que s'il était démontré que des actes répréhensibles, inséparables de l'organisation d'une colonie à son origine, se fussent produits, ils ont fait l'objet de répression adéquate; que, dès à présent, la justice, tant civile que répressive, fonctionne régulièrement au

Congo et y fait une application normale des lois établies;

» Considérant que le commerce s'y exerce en pleine liberté et avec sécurité;

» Considérant que si des concessions et aliénations de terres ont été faites par l'Etat à des particuliers, à des compagnies et à des missions, elles l'ont été en vertu du droit strict de l'Etat de disposer de son domaine privé; que la liberté commerciale n'a pas été violée par ce fait et qu'elles ne peuvent donner lieu à des protestations en raison de l'article 5 de la conférence de Berlin;

» Qu'en conséquence l'Etat souverain a légitimement converti les terres vacantes en domaine privé et a accordé avec une égale légitimité des concessions en vue de son exploitation;

» Confirme le sentiment de profonde admiration qu'elle ressent à l'égard de l'œuvre de colonisation du Congo, réalisée par son Souverain, et forme les vœux les plus vifs pour le plein succès de la défense soutenue par l'Etat à l'encontre des injustes attaques actuellement dirigées contre lui. »

Presque aussitôt sur l'invite du comité belge, des ingénieurs et des industriels (1), se fonde une prospère fédération de sociétés civiles à laquelle corresprondra le groupement de plus de deux cents sociétés patriotiques ou d'anciens militaires.

Ces puissantes collectivités certifieront l'indissoluble attachement du Congo et de la Belgique.

Dans le nombre des manifestations ainsi provoquées, il ne nous est pas permis d'omettre le mémorable meeting tenu, le 27 septembre 1903, au théâtre flamand de Bruxelles. Le colonel Van-Gèle et l'éminent directeur

---

(1) Alors présidée par M. Dufourny, directeur général des ponts et chaussées, auquel a succédé l'illustre savant, M. Ernest Solvay.

de la *Belgique militaire* y faisaient voter une motion protestant contre les attaques calomnieuses dont le Congo était l'objet, exprimant le vœu que les Puissances ne toléreraient jamais qu'on ravisse à la Belgique cette incomparable colonie du Congo « œuvre du Roi et de l'armée »

Pour ainsi oser protester avec éclat, de toute manière, — et par la voie diplomatique et par le journal et par la manifestation populaire, — les Belges ont fait amas de preuves confondant les accusations anglaises.

Nous allons sommairement compulser ce dossier de la défense et en extraire quelques pièces significatives :

En premier lieu, un faisceau de témoignages, — puis, la réfutation du rapport Casement, — encore, le procès Burrows, — enfin, les enquêtes.

I. Les témoignages seront fournis par des personnes peu suspectes de partialité.

« Je déclarerai en toute loyauté, écrivait sir H. Johnson — commissaire spécial de S. M. Britannique pour le protectorat de l'Uganda — que la partie de l'Etat indépendant que j'ai vue depuis que ces contrées sont administrées par des agents belges, possède d'excellentes constructions, des routes bien faites, et que cette partie de l'Etat est habitée par d'heureux noirs qui souvent, et sans que je les y aie amenés, ont comparé devant moi le présent fortuné avec la misère et la terreur de l'époque où les Arabes ou les Manyema s'étaient établis chefs et marchands d'esclaves dans la contrée. »

Plus loin, dans cette même *Vérité sur la civilisation au Congo :*

« Je puis affirmer hautement que, de la frontière anglaise près du fort Georges jusqu'à la limite de mes voyages dans le M'Buba, dans l'Etat du Congo, sur tout le parcours de la Sémliki, les indigènes paraissaient heureux et prospères sous l'excellente administration de feu M. le lieutenant Meura et de son adjoint M. Karl Erikson; les villages et les plantations installées dans le voisinage du fort Beni montraient que les natifs ne craignaient pas les Belges. Les noirs affirmaient également la bonté des blancs du pays. »

Voici, d'autre part, comment le capitaine Burrows, dont on connaîtra les turpitudes, parlait de la récolte du caoutchouc au temps où il espérait pouvoir sans heurts, achever sa carrière coloniale :

« La récolte du caoutchouc n'a commencé, dans l'Uellé, que cette année (1897).

Salisbury, qui est rentré en Europe au milieu de 1895, ne peut donc pas dire qu'elle ne se fait qu'au prix des pires atrocités. Il n'en sait rien. Mais moi, qui ai vu comment on s'y est pris pour déterminer les noirs à récolter la précieuse sève, je dois reconnaître qu'on n'a pas eu grand'peine à persuader aux chefs indigènes de prescrire à leurs sujets de se consacrer à cette besogne, qui est d'ailleurs rémunérée. »

De sir Hughes Gulzian Reid, dans le *Morning Post* :

« Je puis affirmer, sans crainte d'être démenti par d'autres que par des personnes ignorantes et prévenues quoique parfois bien intentionnées, que jamais une plainte tangible ou spécifiée en ce qui concerne des injustices commises dans l'Etat indépendant du Congo, n'a été écartée ou accueillie avec indifférence. Chaque fois une enquête est faite par les autorités, tant européennes que locales, et jamais nous ne manquons de recevoir à ce sujet un rapport circonstancié et exact d'un missionnaire baptiste ou d'une autre personnalité au courant de ces questions. Aussi avons-nous pu constater que les coupables ont, chaque fois, été punis sévèrement, emprisonnés, expulsés, et mis hors d'état de nuire, bien qu'il n'existe pas dans l'Etat, de forme légale de la peine de mort. »

De M. Edmond Picard, le sénateur socialiste incapable de flagornerie à l'adresse du Souverain ou de l'administration de l'Etat; lignes détachées du livre curieux *En Congolie* :

« L'Etat indépendant du Congo est sévère pour ceux qui maltraitent les noirs. On se plaint même de l'intervention trop fréquente et trop dure de la justice à leur profit. »

De M. Pickersgill, consul, dans un rapport au Foreign Office :

« On doit beaucoup au gouvernement du Congo, pour la diminution du cannibalisme, quoique les améliorations notables à cet égard soient peut-être autant le résultat de la présence de résidents européens que celui de la répression directe. Les mangeurs de chair humaine tiennent rapidement compte de l'opinion publique à ce sujet. Dans un village où l'on voyait encore des dépouilles pendre aux branchages des huttes, un missionnaire me disait que jamais les habitants n'admettraient qu'ils avaient pu se livrer autrefois au cannibalisme, tandis que d'autres membres de la même tribu avaient offert à un voyageur quelques jours auparavant, dans un village situé à peine à une demi-heure de marche, un enfant pour suppléer à la chèvre qu'ils n'avaient pu lui fournir. »

Du reste, M. Curzon, sous-secrétaire d'Etat, ne reconnaissait-il pas lui aussi, aux Communes, le 2 avril 1897 :

« Il n'est que juste de proclamer la grandeur de l'œuvre accomplie par l'Etat indépendant et de rappeler que, grâce à son administration, les cruautés des esclavagistes arabes ont cessé sur une étendue de plusieurs milliers de milles carrés. »

Stanley, interviewé par le *Petit-Bleu* en 1904, a déclaré qu'il ne croyait pas aux accusations portées contre le Congo :

« Je ne crois pas, a-t-il dit, qu'aucun Etat serait disposé à entrer en scène et à dépenser l'argent que dépensent la Belgique et le roi des Belges pour adapter la partie la plus ténébreuse de la ténébreuse Afrique aux intérêts du commerce. L'œuvre qui a été accomplie fait grand honneur à la Belgique et je suis certain qu'aucun des pays qui sont invités par les journaux à se mettre à sa place n'aurait pu faire mieux... Les récits d'atrocités et de mauvaise gestion qui ont été répandus en ces derniers temps sont presque tous, sinon tous, de purs racontars... »

Encore, au *Times* du 1er octobre 1904, une lettre du lieutenant-colonel James Harrison — un spécialiste en questions coloniales — pour qualifier l'attitude des membres de la *Congo Reform Association* de Liverpool :

« Ce dernier appel au public anglais (critiques à l'adresse de la commission d'enquête dont il sera parlé plus loin) émane d'une petite clique de missionnaires baptistes et protestants qui, après s'être mis en opposition directe avec les autorités belges, se plaignent maintenant d'être boycottés.

» Si l'opinion publique a tourné et s'est mise à douter de la vérité de ces innombrables atrocités, cela est dû uniquement à ce que la *Congo Reform Association* a laissé sans réponse toutes les lettres et tous les arguments produits en faveur du Congo. »

Rappelons enfin que le cardinal Gibbons a refusé de s'associer à la campagne anti-congolaise entreprise aux Etats-Unis; sa lettre adressée de Baltimore le 4 octobre 1904, au président du congrès de la Paix à Boston, ne laisse pas ignorer que, s'il avait pu assister à l'assemblée, il se serait fait un devoir de prendre la défense de l'Etat du Congo. « Les représentants des Puissances européennes à la conférence de Berlin, disait-il, ont été forcés d'exprimer leur admiration et leurs louanges pour les nobles aspirations du fondateur de l'Etat du Congo et les merveilleux résultats obtenus par sa politique humanitaire. » Le cardinal a rappelé les paroles flatteuses du représentant de l'Italie, de sir Edward Malet, de Gordon, celles de lord Curzon et terminait sa lettre en ces termes:

« Dans le passé, lorsque le Congo commença à réussir, et qu'une heureuse prospérité sourit sur ses fleuves et ses plaines, des accusations se produisirent du dehors contre l'administration belge du Congo; mais les autorités belges ont toujours été à même de réfuter absolument et avec succès toutes les accusations de mauvais gouvernement, de violation des engagements pris, etc... »

II. *La réfutation du rapport Casement.* — Le cabinet de Londres avait affirmé, à plusieurs reprises (11 mars et 8 août 1903) que la dénonciation de mauvais traitements et d'actes de cruauté au Congo, lui avait été faite par ses agents consulaires; l'Etat insistait en vain pour que ces pièces lui soient communiquées.

En fin de compte, pourtant, au mois de décembre 1903, était publié un rapport de M. Casement; ce consul anglais relevait, au cours d'un voyage d'enquête dans le Haut-Congo, de navrantes constatations, entre autres, l'exode des natifs, conséquence des procédés brutalement usités pour contraindre le travail indigène.

Or, les causes réelles essentielles d'une décroissance de la population ne sont aucunement celles signalées par M. Casement, dans le texte de son rapport; il suffit de se reporter aux annexes. A l'enquête du consul anglais seront opposés les parlers des missionnaires protestants.

Nous apprenons, par les pièces jointes au réquisitoire,

que le déchet subi par les peuplades doit être attribué aux épidémies de petite vérole, à la maladie du sommeil, à l'impossibilité de se compléter — comme dans le passé — par des achats d'esclaves, à des causes diverses qu'il est aisé de déterminer pour chaque cas.

M. Casement ne se risque pas trop à contester la légitimité de l'impôt sous forme de prestation de travail, le mode étant appliqué par le gouvernement anglais dans ses colonies et pays de protectorat, mais alors, de s'attaquer avec un art perfide aux procédés de perception, violents, inhumains, cruels. Des insinuations, mais de preuves... point.

Un démenti formel sera infligé à ces propos par les missionnaires anglais; témoignages d'autant plus précieux que lesdits évangélistes sont précisément les protagonistes acharnés de la campagne anticongolaise. Ils se plaisent, dans les revues ou magazines que leur collaboration... honore... à faire valoir : le concours actif des agents officiels et commerciaux, les facilités que leur procurent le développement du réseau routier et la pacification des mœurs — « œuvre due à la fois aux missionnaires et aux commerçants ». — Ils disent : la disparition graduelle des anciennes coutumes, surtout de l'esclavage, la prospérité croissante de l'élément indigène. Ils ostentent le nombre grandissant de leurs élèves « grâce à l'Etat qui exige l'envoi des enfants à l'école ».

Nous retiendrons comme exemple caractéristique des procédés de l'agent consulaire le cas *Epondo* si dramatiquement (1) exploité en Angleterre.

Epondo est un boy, prétendue victime des atrocités du garde forestier Kelengo. Les indigènes interrogés par M. Casement ont tous accusé Kelengo d'avoir, d'un coup

---

(1) Avec photographies à l'appui.

de hache, coupé la main gauche du boy; beaucoup certifiaient être témoins oculaires du fait. Or, l'enquête suivie peu après — au mois d'octobre 1903 — par les magistrats congolais, permit d'établir de la façon la plus positive qu'Epondo avait eu la main arrachée d'un coup de dent de sanglier.

Et, M. Morcus R. P. Dorman, médecin-voyageur anglais, de son côté, adressait au *Times* (numéro du 1er octobre 1904) une lettre datée de Coquilhatville le 10 août, en laquelle il était dit :

« J'ai vu le boy Epondo, j'ai examiné son bras, au point de vue chirurgical. J'ai observé deux cicatrices à quatre pouces sous le coude, sur la surface de flexion de l'avant-bras; ces cicatrices proviennent de blessures qui ont dû être produites par la morsure d'un animal de la taille du sanglier. »

Pourquoi ces contradictions dans le résultat de deux enquêtes?

La note de l'Etat (12 mars 1904), réfutant le rapport Casement, l'explique avec une intangible logique :

« M. le consul britannique a apparu aux populations indigènes, comme le redresseur des griefs réels ou imaginaires; sa présence, coïncidant avec la campagne menée contre l'Etat du Congo en une région où s'exerce depuis longtemps l'influence des missionnaires protestants, devait fatalement avoir pour les indigènes une signification qui ne leur a pas échappé. C'est en dehors des agents de l'Etat, en dehors de toute action ou de tout concours de l'autorité régulière, que le consul a fait ses investigation; c'est, assisté par des missionnaires protestants anglais qu'il a procédé; c'est, sur un vapeur d'une mission protestante qu'il a fait son inspection; c'est, dans les missions protestantes qu'il a généralement reçu l'hospitalité. Dans ces conditions, il a dû inévitablement être considéré par l'indigène comme l'antagoniste de l'autorité établie. »

Le consul Casement ne s'est livré à aucune vérification du dire des indigènes; il les croit sur parole comme si le missionnaire anglais C.-H. Harvey n'avait pas écrit d'eux : « Perfides, impudemment menteurs, malhonnêtes et vils. »

Il est dès lors aisé de peser la valeur de ce rapport « accablant ». La réfutation de l'Etat en bafoue sans peine l'inconsistante vaguesse. Bien entendu, la presse anglaise s'abstient de publier la réplique du 12 mars 1904; déjà, elle passait sous silence — fort avisé — la réponse officielle du 17 septembre au réquisitoire du 8 août 1903.

III. *Le procès Burrows.* — Un des meneurs de la campagne de dénigrement, le capitaine Burrows, publiait, en décembre 1902, un livre; *The Curse of Central Africa*, accusait certains officiers belges des plus abominables crimes. Ce libellé, après épuisement de toutes les chicanes dilatoires, amena néanmoins son auteur devant les tribunaux de Londres. Les débats révélèrent que la publication avait été précédée d'une tentative de chantage; ils mirent en lumière le caractère douteux et imprécis des griefs articulés. Le 25 mars 1904, le jury rapportait un verdict déclarant le livre de Burrows diffamatoire, allouant des dommages-intérêts aux officiers incriminés, interdisant la vente du livre, condamnant aux dépens l'auteur et l'éditeur.

Un autre échec marquant était réservé, quelques mois plus tard, à M. Morel, directeur de la *West African Mail*. Cet implacable adversaire de l'Etat indépendant se rendait, en septembre 1904, aux Etats-Unis dans l'intention de remettre au président Roosevelt, un Mémoire sur les affaires congolaises. Il fut simplement éconduit; la grande République demeurait indifférente aux menées équivoques de la *Congo Reform Association.*

IV. *Les enquêtes.* — Sur l'offre d'un Anglais, M. Reginald Little — vice-consul de Belgique — il était procédé à Lagos, les 10 et 12 août 1904, à une enquête privée en présence de trois témoins anglais, négociants honorables, dont un membre du Conseil législatif de la colonie.

Les questions ci-après furent posées à 157 nègres de Lagos ayant tous servi au Congo belge :

1° Avez-vous été satisfaits de la manière dont vous étiez traité?

2° Avez-vous reçu les sommes qui vous étaient dues pour vos services?

3° Pendant votre séjour au Congo avez-vous eu à constater un ou plusieurs actes de cruauté?

4° Retourneriez-vous volontiers au Congo si l'occasion vous en était donnée?

Les procès-verbaux énoncent qu'aucun nègre n'a formulé de plaintes contres les fonctionnaires congolais; tous ont parlé en termes satisfaits.

A la suite de ces dépositions si décisives, les enquêteurs ont cru devoir écrire au *Times :*

« Après avoir ajouté foi aux accusations anticongolaises, nous sommes maintenant convaincus que l'Etat indépendant a été grossièrement calomnié. »

L'enquête de Lagos — comme nous l'avons dit, d'ordre privé — ne fait que précéder celle d'un caractère officiel annoncée par le gouvernement dans sa réponse au rapport Casement.

Elle a été instituée par décret souverain du 23 juillet 1904 et comprend trois membres : M. Edmond Janssens (Belge), avocat général à la Cour de Cassation; M. le

baron Nisco (Italien), président *ad interim* du Tribunal
d'Appel de Boma; M. le D^r Ed. de Schumacher (Suisse),
conseiller d'Etat et chef du Département de la justice
du canton de Lucerne.

Les commissaires disposent des pouvoirs attribués par
la loi aux officiers du ministère public; ils ont qualité
pour recevoir tous les témoignages; rien ne limite et
leur action et leur mandat. Les mesures les plus rigou-
reuses écartent tout danger de pression sur les témoins.
Les fonctionnaires et agents de l'Etat doivent prêter
aide et concours sans réserve.

Il serait difficile, en vue de la manifestation de la
vérité, de réaliser de plus rassurantes garanties.

Pourtant, les anticongolais d'Angleterre ne se lassent
pas de récriminer, avec violence et aigreur; le choix des
commissaires — quoique agréé par le gouvernement britannique — n'a pas l'heur de leur plaire.

Certains missionnaires avaient exprimé le désir d'être
entendus par la Commission avant son départ d'Europe;
elle se montrait tout disposée à tenir compte de ces de-
mandes... Mais, à la dernière heure, ces mêmes missionnaires se sont récusés... Pourquoi?

Maintenant que le lecteur a pu se former une opinion,
il nous sera permis d'exprimer notre sentiment:

**L'État indépendant réfute d'une manière péremp-
toire les accusations qui devaient l'accabler; les
diffamateurs subissent la honte d'un indigne procès.**

A ce verdict se joignent quelques conclusions.

La perfide et tenace campagne entreprise en Angleterre contre l'État Indépendant éclate comme une preuve manifeste de la valeur de cet empire africain, des immenses progrès qui y ont été réalisés — surtout en ces dernières années.

C'est à un ingénieur, connaissant le pays pour y avoir fait de nombreux séjours, que nous demanderons un tableau sommairement brossé de l'actuelle situation économique au Congo :

« Si on examiné l'entreprise congolaise sous ses différents côtés, que constate-t-on? Comme superficie, le pays mesure plus de deux millions de kilomètres carrés (soit quatre fois celle de la France). Comme population, d'après les évaluations les plus modestes, il renferme au moins vingt millions d'habitants. Ces populations sont pour la plupart intelligentes, pacifiques, commerçantes, accessibles à l'influence européenne. Des chaînes d'établissements européens, au nombre de plus de cent, rayonnent dans les différentes directions, jusqu'aux points les plus reculés du pays. Chacun d'eux est à la fois un centre administratif, un marché, une exploitation agricole. Des plantations, des forges, des briqueteries, des scieries, des chantiers s'élèvent dans les alentours. La sécurité est presque complète : la révolte arabe est depuis longtemps oubliée; si de temps en temps quelques soulèvements d'indigènes se produisent, ils sont provoqués bien plus souvent par la maladresse ou la brutalité d'Européens agissant loin de tout contrôle, que par le fait de l'hostilité native des tribus. Du reste, les voies de communication et les moyens de transport qui se développent en même temps que s'accroît le nombre des stations, des missions et des factoreries, vont amener de nouveaux progrès. Un chemin de fer est construit et exploité régulièrement depuis six ans entre Matadi et le Pool, un autre s'achève dans le

Mayumbé, d'autres se construisent dans le Haut-Congo. Sur l'admirable réseau du haut, l'un des plus beaux du monde, plus de cent steamers naviguent librement, faisant du Stanlay-Pool le grand port intérieur de l'Afrique centrale; déjà d'autres steamers sont lancés sur le haut Lualaba, le Tanganika, le Moero. La poste fonctionne régulièrement, le télégraphe relie Equateurville à Boma; les produits de l'intérieur arrivent rapidement à Matadi; l'état sanitaire général s'améliore, le confort se développe dans les grands centres où la vie de famille a fait son apparition.

» Une telle colonie, aussi étendue, aussi riche, aussi proche de la mère patrie, aussi outillée, vaut aujourd'hui plus d'un milliard. »

***

Tel est le résultat acquis au bout d'une période, tout au plus d'une trentaine d'années.

Telle est l'œuvre conçue, entreprise et si splendidement menée à bien par le Roi Léopold II. Elle glorifie la largeur de vues, l'esprit d'initiative, la sage conception, la ferme ténacité du Souverain; les étonnantes aptitudes de l' « homme d'affaires », de l'administrateur, du diplomate.

Cette noble tâche de doter la Belgique d'une colonie puissante et prospère, le Roi se l'était assignée, en principe, dès avant son accession au trône. Jamais rêve de Prince, conçu pour le bonheur de son peuple, n'a été mieux réalisé.

S'il est vrai que la création de l'Etat congolais doit demeurer à tout jamais à l'œuvre méritoire du Souverain et l'entreprise coloniale la plus grandiose du xix^e

siècle, en bonne justice un peu aussi de ce triomphal rayonnement auréolera les collaborateurs de Léopold II.

Ils sont sortis, presque tous, des rangs de l'armée belge, redevable à ces vaillants des plus belles pages de son Livre d'Or.

TABLE

Ire PARTIE.

LA CONQUÊTE PACIFIQUE.

IIe PARTIE.

LA CONQUÊTE PAR LES ARMES.

IIIe PARTIE.

LA CONQUÊTE ÉCONOMIQUE.

IVe PARTIE.

LE CONFLIT ANGLO-CONGOLAIS.

Paris et Limoges. — Imp. milit. Henri CHARLES-LAVAUZELLE.

www.ingramcontent.com/pod-product-compliance
Ingram Content Group UK Ltd.
Pitfield, Milton Keynes, MK11 3LW, UK
UKHW021746090726
13657UKWH00002B/950